テレホン説教

心のたから

テレホン説教

心のたから

田端義宏

ご挨拶

合掌　本書は昭和60年10月〜平成3年2月まで、青森県内の青年僧九名がお説教の勉強にと始めたテレホン説教を、私が引き継いだ平成3年以後から今日までの法話の中から選びまとめたものです。

テレホン説教は不特定多数の方を対象に、三分間の法話を電話で伝えるという布教です。できるだけ仏教用語を使わず、日常の生活や生き方に仏教を活かせるよう、分り易く伝えるということを念頭に、原稿用紙約二枚にまとめたものです。

内容的には、すでに時代遅れの話材や重複した内容、そして間違いなどでお叱りを頂くような法話もあると思いますが、何とぞご容赦下さい。

「♪あなたとみ仏を結ぶ、永昌寺テレホン説教〝心のたから〟の住職・田端義宏です」で始まり、「次回のテレホン説教は○月○日にお話が替わります♪」で終わるテレホン説教『心のたから』。

今年は日蓮聖人降誕８００年の記念の年。ご報恩の一塵・一滴にとの思いから、恥を忍んで出版することに致しました。小誌が皆さんの「心のたから」になることができれば望外の喜びです。　三唱

永昌寺住職　田端義宏・日滴

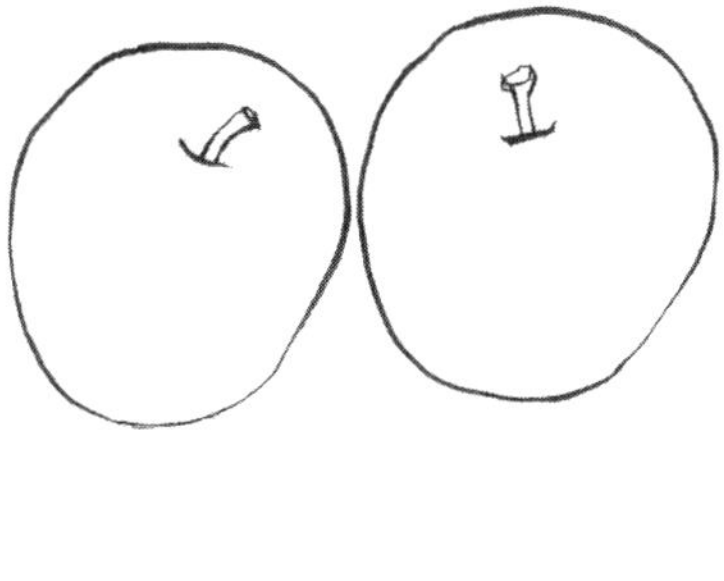

目次

第一章

第二章

第三章

第四章

第一章

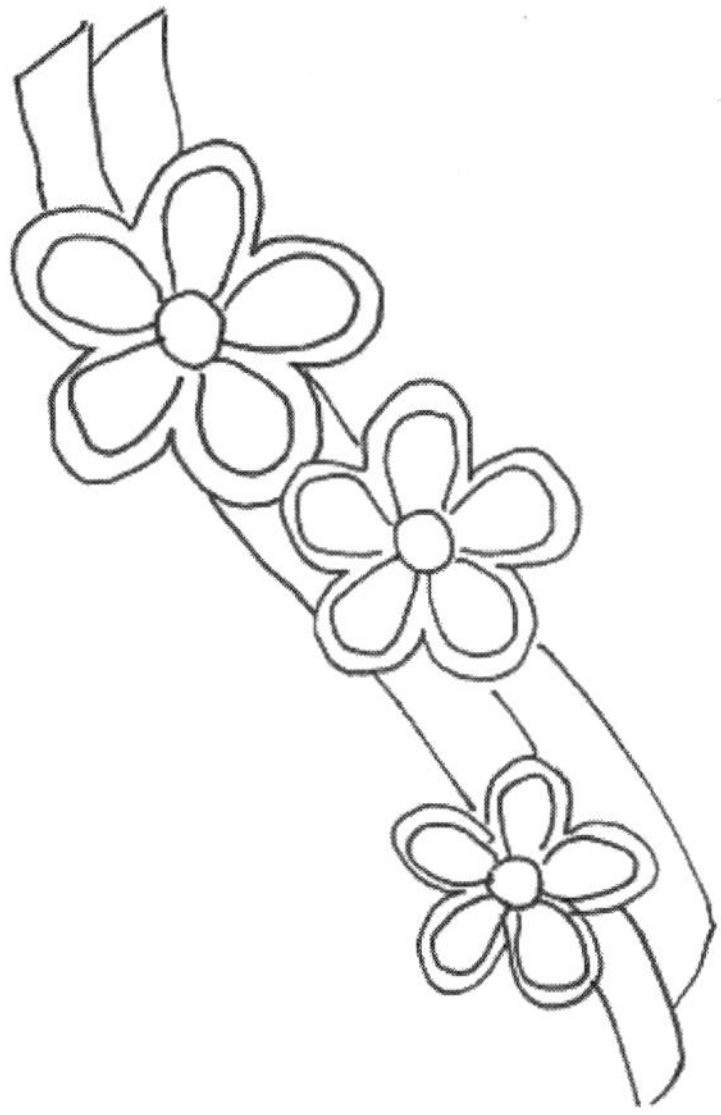

第1話　人間とは？

「人間とはいかなるものか？」という問いは古来、哲学や宗教の重要な課題でした。「人間とは考える葦《あし》である」と言った哲学者がいました。また、「人間とは二本足で歩く毛のない生き物」と言った哲学者もいました。それに対し、「ではこれも人間か？」と羽をむしり取った鶏を突き付け、哲学者を困らせたという話もあります。確かに裸の鶏も二本足で歩く生き物ではあります。

西洋には人間方程式といわれる定義があり、人間＝動物＋αというそうです。生物・医学的には人間は動物です。ちなみに、医学的に人間に一番近い動物はミニ豚だといいます。医薬品の開発実験用として小型に改良されたミニ豚は、皮膚や内臓の働き、そしてストレスに対する反応も、とても人間に似ているのだそうです。人間に最も近い動物が豚とは驚きです。しかし西洋では、人間は動物ではあるがただの動物ではなく、プラスアルファを持った動物だというのです。そしてそのアルファとは「宗教」だそうです。人間とは「宗教をもった動物」、それが西洋の人間観です。宗教を「人間の条件」に考える西洋人に感心します。

ひるがえって私たち日本人はどうでしょう。インテリとか知識人といわれる人ほど「私は無宗教です」と、まるで宗教や信仰を持つことが恥ずかしいことのように考えてはいないでしょうか。そんな日本人を西洋の人間方程式に当てはめたらどうなるでしょう。日本人＝人間－宗教＝動物ということになります。戦後の日本人がエコノミック・アニマル、つまり金儲けの上手な動物と揶揄されたのは、そんな理由によるものです。

生物・医学的に人間とは、無限に豚に近い生き物。その人間が宗教という精神文化を持ち、その教えを自分の生き方として受け止めて生きた時、豚とはまったく違う尊い人間、つまり仏になると法華経は教えています。

あなたは宗教をお持ちですか？

第2話　即天去私

小説『坊ちゃん』で有名な明治の文豪夏目漱石は、友達の森田草平《そうへい》への手紙の中で「自己以外のものに頼るほどはかないものはない」と述べ、苦しい時の神頼みといった信仰を批判しました。外国に留学し、近代合理主義を学んだ漱石にとって、なんでもかんでも神さまや仏さまにお願いし、頼るという当時の日本人の信仰は、なんとも愚かで儚《はかな》い行為に感じられたのでしょう。

時代は変わり、人間が月や宇宙に行く平成の時代。それなのに、なんと現代日本は第三の宗教ブームといわれ、日本の宗教人口は実際の人口の倍近い二億人以上だといいます。しかしその宗教の中身はというと、相変わらず病気が治る、金が儲かる、霊と話ができる、手から光がでる、そんな怪しげなものばかり。そして、その願いを神さまや仏さまに祈ることが信仰だと思われています。漱石が生きていたらどんなに嘆くことでしょう。

「自己以外のものに頼るほどはかないものはない」と述べた漱石ですが、その言葉に続けて「しかし、自己ほど頼りにならないものはない」と述べ、晩年は『則天去私《そくてんきょし》』、つまり〈天に則って私を去る〉という四字を好んで色紙に書いたといいます。彼は自分以外のものに頼ることの愚かさと同時に、その自分という人間に目を向けた時、自分ほど弱く、脆く、悪く、汚く、頼りないものはないということに気づいたのです。

そして自分ではない天、つまり自分を超えた大いなる存在（神や仏）に自分を委ね、その天という鏡に自分を写して生きるという、宗教的な生き方をしたというのです。

宗教とか信仰とは、棚のボタ餅が落ちてくるようにと、神さまや仏さまに頼んだり祈ったりすることではありません。超能力を持つことでもありません。そうしたことを願うという自分自身に目を向け、頼りない自分に気づき、漱石のように、そんな自分を仏さまや法華経の鏡に写して生きることなのです。

第3話　後光

仏さまの頭や背中に付いている、丸い輪や船の底の形をした彫刻を見たことがあると思います。「後背《こうはい》」とか「後光《ごこう》」といわれるものです。本来、形に表すことのできない仏さまの智慧《ちえ》や慈悲、救いの徳や尊さ・優しさといった心の輝きや美しさを、後の世の人が形に表現したものです。だから「後光」とは、その人の出す「ムード」といえます。

実はこの「後光」、私たち全員が出しているのです。美人ではないが魅力的な人。いるだけでその場を明るくする人。側にいるとホッとする人。逆に、社会的には立派なのに、何となく胡散臭い人。側に居ると何故か疲れる人。部屋の空気が暗く、重くなる人。そんな感じの人に会ったことはありませんか？「後光」とは、その人の内面から滲み出るムードです。お化粧をしたり、胸に金バッジをつけたり、ヒゲを生やしたり、有名ブランドで着飾ったりするのは、見た目を飾ることです。見た目はいくらでも誤魔化せます。しかし、「後光」は心の中から滲み出る心の光であり、その人間の後ろから出る光です。だから誤魔化しようがないのです。仏さまの「後光」が美しいのは、すべての人を「吾《わ》が子」と思い、どんな人をも救おうという優しい慈悲の心を持っているからです。心は見えません。しかしその見えない心が、「後光」になって私たちの目に見えるから怖いのです。前から見る仏さまは、智慧と慈悲に溢れ、神々しく、時には威厳をも感じさせます。しかし、その仏さまの通り過ぎた後ろ姿には、合掌しないではいられない温かさや優しさ、そして尊さが感じられるのです。それが「後光」です。「後光」はお金では買えません。それはその人の心の表れだからです。綺麗な心にならなければ、綺麗な後光にはならないし、優しい心にならなければ人に好かれる後光にはなりません。信仰とは自分の「後光」を磨くことです。自分の「後光」が、仏さまのような尊く、清らかになるように努めたいものです。

第4話　貪欲度

世の中は　一つ叶えば　また二つ
　三つ四つ五つ　六《む》つかしの世や

という古歌があります。最初はせめて一つでもあればと思っていたことが叶うと、今度は二つを求め、二つが手に入ると三つになり四つになり、世の中とは実に難しいものだ、という教訓歌です。

私たち人間の貪欲《どんよく》さを計る貪欲度というものがあるそうです。何も持ってない時をゼロとします。せめて一つあればと思う時の貪欲度は1です。その1が叶うと、次はもう一つというのではなく、今ある1とは別にもう一つ欲しいと思うようになり、貪欲度は2になります。二つを手にすると2プラス1ではなく、2プラス3、つまり合計5の貪欲度になり、3を持つとプラス4の貪欲度7になるというのです。つまり、私たちの貪欲度はゼロの時は1、一つ持ってると2、二つ持つと5、三つ持つと7、というように、どんどん大きくなっていきます。それが人間の貪欲度だというのです。

俗に「物持ちほどケチ」といいますが、人

間の欲深さがよく分かります。

せめて白いご飯を、と願った戦後の私たち。その頃に比べて今は夢のような豊かさ。それなのに、なんとガツガツした貧しい心の人間が多くなったことでしょう。物質的に豊かになった分、私たちの貪欲度も大きくなったからではないでしょうか。豊かさや財産を持つことが悪いのではありません。悪いのは、その財産に比例して大きくなる私たちの貪欲な心です。

貪欲が怖いのは、どんなに豊かになっても、どんなに恵まれていても、「幸せ」を感じられなくなることです。「幸せ」のために手に入れたはずの豊かさ。それなのに、豊かになればなるほど「不幸」になる。それは私たちの貪欲度が増えるからです。お釈迦さまが「貪欲《とんよく》」を不幸の原因のトップに挙げたのはそのためです。幸せは心で感じるもの。そのためには心の貪欲度を下げることです。仏教で「布施《ふせ》」、つまり奪うことより与えることを、不平不満より感謝する心を説いたのはそのためです。さて、あなたの貪欲度は？

第5話　努める信仰

宗教を持っているのは人間だけだといいます。確かに犬や猫は仏さまや神さまに手を合わせたり、祈ったりはしません。しかしその宗教とは、「神仏にいろんな願い事を頼むこと」と考えている人が多いのではないでしょうか。まさに「苦しい時の神頼み」です。

昔、ある男が神さまに頼んだ願い事というのがあります。「いつも三月常月夜《じょうつきよ》、女房十八俺二十《はたち》、子ども三人親孝行、使って減らない金百両、死んでも命があるように」というものです。毎日が3月の桜の花が咲く月も明るい上天気の気候。奥さんが18歳で檀那である自分は20歳、三人の子どもは親に口答えなどしない親孝行な良い子ばかり。懐にはいくら使っても減らないお金が100両。その上、死んでも命があるように、というのですから呆れます。祈られた神さまも、あまりのお願いにさぞ驚いたことでしょう。

「祈りのない信仰は無味乾燥である」という言葉があります。確かに、祈りは宗教の大切な要素の一つで、それによって私たちは心に安らぎや希望を得ます。しかしだからといって、願い事を頼む事だけが宗教だと考えるのは大変な誤解です。それどころか、そんな願い事や頼み事でいっぱいの自分自身を課題とし、そうした自分を変えていく、というのが本当の宗教です。棚のボタ餅はどんなに祈っても落ちてはきません。自分で取るしかないのです。神仏に祈る祈りとは、ボタ餅が落ちてくる事を「頼む」祈りではなく、ボタ餅を取るために私たちが努力する、その「努める」ための勇気を授けて下さいということを祈るのです。同じ祈りでも、「頼む」祈りと「努める」ための祈りではまったく違います。安易に神仏に甘える、そんな自分を課題とする祈りこそ、叶う祈りなのです。

人間は弱いもの。頭では分かっていても、なかなかそうできないのも人間です。人間に宗教が必要なのはそのためなのでしょう。「頼む」祈りから「努める」ための祈りをしましょう。

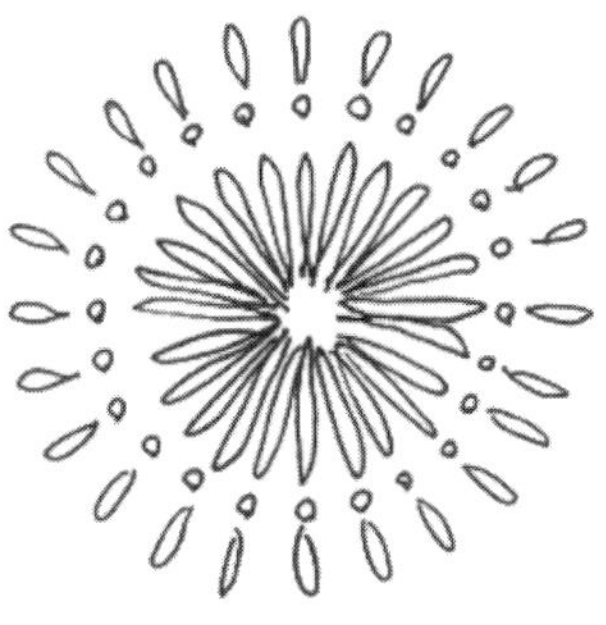

第６話　三日見ぬ間

世の中は　三日見ぬ間の　桜かな

という俳句があります。世の中の動きや変化はとても早い。ちょうど三日見ないうちにつぼみだった桜が咲いたり、満開の花が散ったりするようなもの、という意味の句です。

学生のころは、一年経つと学年が上がり、また小学校から中学、高校、大学と学校も変わっていきます。時間の変化が実感としてよく分かりました。しかしある年齢になると、世の中も自分もいつまでも同じで、昨日も今日も、今年も来年も変わらないと考えてしまうようです。

よく考えると、それはとても怖いことです。人間は生まれた瞬間から死に向かって歩き始め、一日一日確実に死に近づいています。人生とは死に向かっての旅です。一秒過ぎれば一秒分、一日過ぎれば一日分、間違いなく死に近づいているのです。縁起がいいとか悪いとかは関係ありません。悲しいけれど、それが世の中の真実です。「時は金なり」といいますが、「時」はお金以上に大事な「いのち」なのです。

その大切ないのちの「時」を、私たちは昨日も今日も、明日も明後日も同じと思い、ボーッと過ごしたり、お金や地位のために無為に過ごしてはいないでしょうか。

子どもたちを見ると、時間の持つ重さがよく分ります。頼りなかった子が、ほんの一～二年の間にすっかり大人に成長しています。まさに「三日見ぬ間の桜」です。子どもは「時」を栄養に、間違いなく成長します。そんな子どもに引き比べて、私たち大人はどれだけ人間として成長したでしょうか。考えると背中に脂汗の流れる思いがします。

日蓮聖人は、「人変じて仏となる」と私たち人間の生き方を教えられました。「時」は、とても移ろい易いもの。そしてあっという間に過ぎていくもの。それだけに、「三日見ぬ間の仏かな」といわれるように、「今」という瞬間を大切に、仏の自分を目指してしっかりと生きたいものです。

第７話　無明の酒

仕事でいろんな土地を旅すると、珍しいことや驚くようなことに出会うものです。

長野県に行った時のことです。車窓から見える街角のあっちこっちに「象山正宗《ぞうざんまさむね》」という看板があるのです。その土地の友人に尋ねると、幕末に開化論を叫んだ佐久間象山が長野県の出身で、その名前にちなんで付けられたお酒の名前だというのです。

しばらく行くと、今度は「姨捨正宗《おばすてまさむね》」という看板が掛かっています。「お酒を飲んで姨捨てをしよう」とでも言ってるようで、一瞬ドキリとしました。近くには昔、姨捨てをしたという姨捨山があり、その地名を付けたお酒の宣伝だと聞いて、ホッとしました。所変わればといいますが、その土地の看板や宣伝を楽しむのも旅の喜びの一つです。

そんなお酒の広告に続いて、

一滴の　酒が狂わす　目と心

という交通安全の看板がかかっていました。お酒の宣伝が続いた後だけに、何とも皮肉でつい笑ってしまいました。笑いつつ、その内容が面白く、メモをしてしまいました。「一滴の　酒が狂わす　目と心」。酒好きな人には耳の痛い標語です。しかし、実に名言です。たった一滴の酒。その酒で目や心が狂い、事故を起こしてしまう私たち。

日蓮聖人は「無明《むみょう》の酒に酔う」という言葉をたびたび使いました。「無明」とは明るくないこと。つまり、物事の道理に暗く、自分しか見えない利己的な心のことで、仏教ではもっとも恐ろしい煩悩《ぼんのう》といわれています。酔っぱらいは見て分かります。しかし無明の酒に酔っているかどうかは、外見では分かりません。しかも、酒に酔った人が「俺は酔ってない」と言うように、自分の「無明」に気づかず、自分こそ正しいと思い込むことが「無明の酒」の怖いところです。一滴の酒が自分や他人の人生をも狂わすように、「無明の酒」は私たちの人生も幸せも、いや自分だけでなく家族や社会全体をも不幸にする恐ろしい酒です。信仰とは、そんな自分の「無明」の心を「智慧《ちえ》」の光で照らすことです。

第８話　それ見たか

日本人は仕事のために生き、西洋人は生きるために仕事をするといいます。そういえば、西洋人にとっての仕事は生きるためにお金を稼ぐ手段で、大事な目的は仕事以外の時間です。一方、日本人はお金よりも仕事そのものが目的で、働くこと自体に生きがいや意義を感じる人種といえましょう。そのため、日本人は常にもっともっと、前に前にと、毎日を忙しく生きてはいないでしょうか。それが戦後日本の経済復興の原動力でもありました。

それ見たか　常が大事だ　大晦日

という句があります。毎年必ずやってくる大晦日。それを知っていながら、その大晦日を忘れ、「まだ大丈夫、まだ大丈夫」とボーッと生きている私たち。大晦日になって慌てるのでなく、常日頃が大事なのだという戒《いまし》めの句です。この句が深いのは、大晦日が単に一年の終わりではなく、私たちの人生の終わりを意味しているからです。

時間は永遠に続きます。しかし、私たちの持っている時間は決して永遠ではありません。人によって多少の長い短いはあるものの、誰にも必ず人生の大晦日がやってくるのです。

以前、県立病院のお医者さんに「田端先生はお坊さんですね。どうか人は死ぬということをもっと多くの人にお説教して下さい」と言われたことがありました。理由は、治療のためにガンを告知すると、途端に生きる気力を失い、そのままダメになる患者さんが多いというのです。そして、「昔の人に比べて、現代人は死を忘れているのでは」と言うのです。

2500年前、お釈迦さまは「諸行は無常なり」と説かれました。あらゆるものは変化します。人も、時間も。この教えは、人間が宇宙に行く今も変わりなく真実です。全ての人に大晦日があるのです。いずれやってくる大晦日を忘れず、一日一日を大切に、仏を目指し、清く、尊く、菩薩として一歩一歩しっかりと歩み続けることが大切なのではないでしょうか。その時が来た時に「それ見たか」と言われないためにも。

第9話　春の始め

とんちで有名な一休さんに、

正月は　冥土の旅の　一里塚
めでたくもあり　めでたくもなし

という句があります。お正月になると、お屠蘇《とそ》で浮かれている檀家の家々を訪ね、杖にかけたシャレコウベをぬーっと突き出し「ご用心ご用心」と言って歩いたという一休さん。めでたいめでたいと浮かれているが、元日は冥土への一里塚。その分、冥土に近づいたこと。まもなくみんなアッという間にシャレコウベになるぞ、「めでたくもあり、めでたくもなし」と、人生の無常と儚《はかな》さを教えたといいます。禅宗のお坊さんらしい逸話です。

日蓮聖人が61歳でお亡くなりになるその年に、檀信徒に書かれた年賀状があります。

「春の初めの御悦《およろこ》び、木に花の咲くがごとく、山に草の生《お》い出ずるがごとし」「春の始めの御悦びは、月の満《み》つるがごとく、潮のさすがごとく、草の囲むがごとく、雨の降るがごとしと思食《おぼしめ》すべし」「春の始めの御悦び、花のごとくひらけ、月のごとく明らかにわたらせ給《たも》うべし」と。そこには、一休さんのように人生を斜に構え、悲観的に見る姿勢はなく、新しい年を迎えられたことを素直に喜ぶ底抜けの明るさがあります。その年の十月にお亡くなりになる聖人。当時すでに聖人の体調はかなり悪かったはずです。だからこそ、春の始めというお正月を迎えられたことは、まるで木に花が咲き、山の雪が消えて草が生い茂るように、月や潮が満ちるように、日照りの時に雨が降るように、嬉しいと素直に喜ぶ聖人。諸行無常・一切皆苦《いっさいかいく》はお釈迦さまの教えです。確かに、私たちの人生とは苦しいことや辛いことが多いもの。そして実に儚いもの。それを承知した上で、だからこそ、ここにこうして春の始めを迎えられることの有り難さ、めでたさを喜び、感謝し、一日一日を大切に、仏の子として尊く生きようという生き方が生まれるのです。太陽と蓮華のように生きられた日蓮聖人。私たちも聖人のように生きたいものです。

第10話　康心

一口に「健康」といいますが、WHO（世界保健機構）が示す「健康」には、次の七つの条件があるそうです。①何を食べても美味しいこと、②よく眠れること、③すぐに疲れを感じないこと、④快い便通があること、⑤風邪気味でないこと、⑥体重が変わらないこと、⑦毎日が楽しく明るいこと。以上の七つで、このうちの一つでも欠けると「不健康」ということになるのだそうです。いかがですか？ 病気ではないが健康でもないという方が多いのではないでしょうか。特に七番目の「毎日が楽しく明るい」という条件はとても個人的で、物事の感じ方といった「心」の問題です。その「心」が物事を明るく楽しく受け止められなければ、本当の健康ではないというのです。ひるがえって私たちの身の回りを見回すと、世の中はストレス社会といわれ、口を開けば不平と不満、愚痴《ぐち》や文句ばかりが聞こえてきます。寿命は延び、体も元気。しかし心の中にはイライラ・イヤイヤ・ブツブツという呻《うめ》き声が充満し、爆発寸前の怒りで満ちた心の時代、それが現代です。一億総不機嫌時代といわれる現代日本をＷＨＯの七条件に照らすと、一億総不健康時代ということになります。

健康とは本来、体が健やかで心が安らかという意味の中国の四字熟語「健体康心《けんたいこうしん》」が縮まったもの。戦後の日本は体の健やかさだけを重視し、古来より中国人や日本人が大事にしてきた心の安らかさを無視してきました。そんな「安らかな心」の大切さを、奇しくもＷＨＯが「健康」の大事な条件として指摘したのです。

仏教が目指す一番大事な境地は「仏」という境地です。仏の境地とは「安心《あんじん》」という、安らかな心のことです。「安心」とは安心《あんしん》と書きます。しかし仏教で説く「安心」とは、単なる安心ではありません。いかなる状況にあっても、常に穏やかで、明るく楽しい、幸せな心のことです。人生八十年といわれる時代、健やかな体と共に、明るく楽しい幸せな心、つまり「安心」を得るための信仰をして下さい。

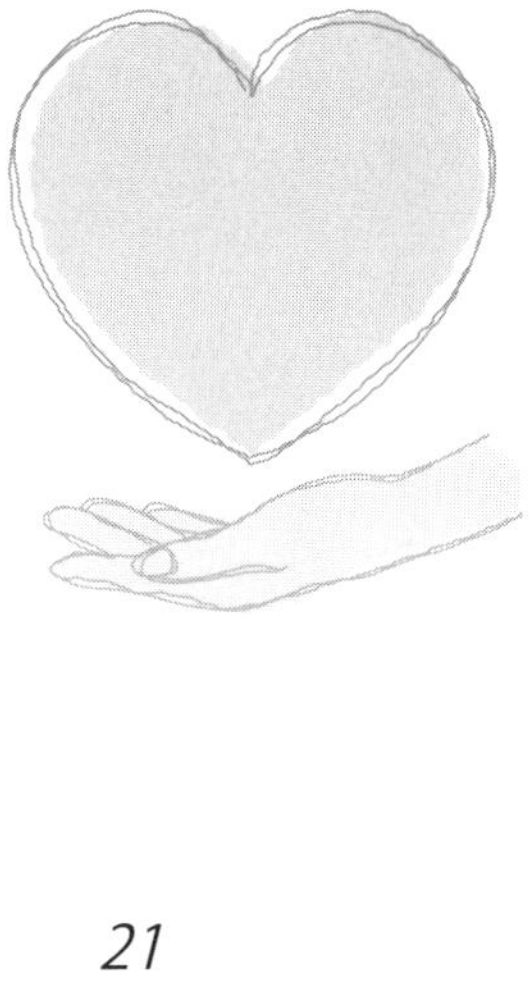

第11話　耳順

ある町の教育委員会の招きで、「耳順《じじゅん》のつどい」という集まりの講演に行ったことがあります。「耳順」とは、中国の孔子《こうし》が書いた『論語』に出てくる言葉です。「吾《われ》十有五にして学に志す。三十にして立つ。四十にして惑わず。五十にして天命を知る。六十にして耳順《したが》う。七十にして心の欲するところに従いて矩《のり》（法）を踰《こ》（超）えず」という中の「耳順う」が「耳順」の典拠です。その町ではこの論語の教えをもとに、それぞれの年代ごとの集まりを持ち、『耳順のつどい』は60代男性の集まりでした。

「耳順」とは素直な耳ということです。人間若いうちは、他人の話を聞くより自分の意見や考えを話したがるもの。聞くより話すで、耳より口を優先しがち。また、人間は自分に都合のよい言葉や話ばかりを聞きたがるもの。そんな人間も齢60歳になったら、自分に不都合な話や忠告といったイヤな話にも素直に耳を傾け、聞くことを大事にしなくてはいけないというのが「耳順」の意味でしょう。

法華経には「聞く」という言葉が沢山出てきます。「聞く」という「耳」の働きを大事にしたためです。耳は幸せの入り口。大きな耳は沢山の幸せを招き入れる福耳。仏像の耳が肩まであるのはそのためです。福耳とは単に耳が大きいことではありません。福耳とは、どんな意見でも聞くという耳です。その意見に賛成か反対かは別です。とにかく「聞く」こと、賛否はその後の問題です。なのに私たちは、その話を「聞く耳」を持たなくなるのです。人は歳を取るほどに頑固になり、耳を閉ざし、口ばかりが達者になるものです。だから孔子は、60歳になったら耳を素直にと言ったのです。しかし、そのための方法は説かれませんでした。私たちがお唱えするお題目。お題目を唱えるとこだわりや偏りの心がなくなり、柔らかな心になります。心が素直になると耳も大きくなり、そのため幸せが一杯入ってくるようになるのです。歳を取るほどに「耳順」を大事にしたいものです。

第12話　出だし

何事によらず、物事は出だしが大事です。お月さまが出るという同じ情景の歌でも、出だしの言葉で雰囲気がガラリと変わってしまいます。「出た出た月が♪」と歌うと、「まあるいまあるいまん丸い♪」と続き、幼いころに歌った懐かしい童謡になって、気持ちまで何となく純真になるものです。その同じ情景を、今度は「月が出た出た月が出た♪」と始めると、「三池《みいけ》炭鉱の上に出た♪」という例の炭坑節になり、なんだかお酒でも飲んで踊りたくなるような気分になるから不思議です。

世界中の宗教や宗派には、それぞれ立教開宗の日があります。その宗教や宗派の誕生日です。日蓮宗の立教開宗は、建長5年、西暦1253年、聖人32歳の春です。しかし日蓮聖人の開宗宣言は、他の宗教者とはかなり違っていました。4月28日の早暁《そうぎょう》、千葉県房総半島・清澄山《きよすみやま》の頂きに立った聖人は、眼下に広がる太平洋の彼方から、夜の闇を破って昇る太陽に向かい、南無妙法蓮華経のお題目を朗々と唱え、立教開宗をされたのです。他の宗教者のように天啓を受けたとか、神がかりになったのでもなく、また特定の仏像や人間を相手に誓ったのでもなく、あらゆる生命の源であり、恵みの根源である太陽、それも沈む夕日ではなく昇る太陽に向かって宣言をされたのです。そして太陽の「日」と蓮華の「蓮」をとり、ご自身のお名前を日蓮と改め、世界人類の救済を誓い立教開宗されたのです。物事は出だしが大事。昇る太陽に立教開宗の誓いをされた聖人の宗教は、だからとても明るく、前向きで、力強く、私たちを勇気づけ、励ましてくれる宗教なのです。死んでからのためでなく、生きてゆくこれからの自分のための信仰なのです。

青森県では、毎年この日に県内の日蓮宗のお坊さんが集まり、聖人の開宗の精神を受け継ぐための立教開宗会を行っています。何事も物事は出だしで決まるものです。出だしを大切にしましょう。

第13話　絵難坊

後白川院《ごしらかわいん》の時代に書かれた『古今著聞集《ここんちょもんじゅう》』という本に、「絵難坊」というあだ名のお坊さんの話が載っています。このお坊さんは天皇のお側近くに仕える、位《くらい》の高い偉いお坊さんです。ところが天皇に献上される絵を見ると、それがどんな名人の描いた立派な絵でも、けっして褒めないというのです。褒めないだけならいいのですが、必ずその絵に難癖をつけて貶《けな》すというのです。人が犬と遊び戯れる絵を見ると、犬の首に巻かれたヒモの結び方がおかしいと難癖をつける、森で木を切るきこりの姿が描かれた絵を見ると、散らばっている木の屑が変だと文句を言うといった有り様。絵を見るのに、その絵の美しさを見るのではなく、粗を探しては難癖をつけるというので、誰が言うともなく「絵難坊」というあだ名がつけられてしまったというのです。

時代は変わって平成の世。いかがですか、あなたの周りにこんな絵難坊のような人はいないでしょうか。物事の欠点ばかりを見て、何かと難癖をつける人。よくいるものです。

　私の住む津軽には、昔から「津軽の足引っ張り」という言葉があります。津軽の人間は、人や物事の長所や良いところより短所や欠点ばかりを探し、あれこれと難癖をつけて他人の足を引っ張るというのです。そういえば、と思い当たる人はいませんか？考えてみると、私たち人間はとても自己中心的で救いようのない存在です。津軽の人間だけでなく、誰の中にも絵難坊がいるのではないでしょうか。そんな私たちをお釈迦さまは「違う違う、お前たちはみな尊い菩薩なのだよ。この世は浄土なのだよ」と法華経に説かれたのです。煩悩《ぼんのう》いっぱいの私たち。そして問題だらけのこの世と人生。しかし、その中でキラッと輝くものを信じて生きるというのが法華経です。それは絵難坊とは真逆の生き方です。世の中、絵難坊的人間が多くなり、なんとなくギスギスした住みにくい時代になりました。だからこそ、底抜けに人を信じる法華経的生き方が大事なのではないでしょうか。

第14話　天国行き

ある新聞の『健康歳時記』という欄に、「天国行きの特急券」と題し、「夫を早く天国に送る10ヶ条」なる物騒な内容の記事が載っていました。その第1条は夫に酒とタバコをどんどん勧めること。第2条は甘い物や脂っこい料理をどっさり食べさせること。第3条は塩分の多いしょっぱい食べ物に慣れさせること。第4条は不眠、つまり寝不足にさせること。第5条はイライラさせ、ストレスを溜めさせること。第6条は夫の趣味を取り上げること。第7条は仕事をさせないこと。第8条は家族から孤立させること。第9条は無理やり病人にすること。そして第10条は生きがいを与えないこと、というものです。夫を早く天国に送りたい奥さんは、これを実践すればよく、反対に、一日でも長く夫が元気に生きていてほしいと願う奥さんは、この逆を実践しなさいというのです。

なるほどと思うことばかりです。確かに、この10の条件が健康に良くないということは分かります。問題は、分かってはいてもなかなか実践できないことです。そんな人間の弱さを理解し、夫が健康で長生きできるように、夫を上手にマネージメントするのが有能な奥さんだというのです。

日蓮聖人は「命に勝る宝なし」と説かれました。健康は大事な宝物なのです。なぜなら、生きていればこそ沢山の功徳を積むことができるからです。誰もが、いつかは逝かなくてはならないあの世。でもそれを「特急」で行くか「鈍行」で行くかは、奥さんの努力、いやそれ以上に本人の自覚と努力にあるのです。

しかし人間とは弱いもの。「分っちゃいるけど、やめられない」というのが私たちです。悪いと知りつつ止められないことが、この10ヶ条以外にもあるはずです。そしてそのために、自分だけでなく家族をも苦しませていることが。お題目を唱える信仰とは、「苦しい時の神頼み」ではありません。人間の持つ弱さを認めた上で、その弱さに負けない強い心を授けて下さいと仏さまに祈ることなのです。

第15話　信・不信

青森市の政財界のトップの方が、月に一度土曜日に集まり勉強をするという「サロン土《ド》あおもり」という会に招かれ、仏教のお話をする機会がありました。講演が終わり質問はというと、手が上ったのが新聞社の論説を担当している方。どんな質問かと不安に思っていると、「今日、友人のお葬式に行ってきました。前から思っていたのですが、人間が死んだあと霊魂はあるのでしょうか？」というものです。

「私はまだ死んだ経験がないので、あるかないかは分かりません。そこで、2500年前に同じ質問を受けたお釈迦さまの答えをお伝えして私の答えとします。霊魂は有るか無いか。お釈迦さまの答えは実に科学的で明快なものでした。霊魂が有るというなら出して見せなさい。しかし、出して見せられるものではない。では無いかというと、世の中には虫の知らせとか胸騒ぎといった、無いとは言いきれない不思議なことがあるもの。そうした有るとも無いともいえない不確かなことを議論するのは、仏教では戯論《けろん》、無意味で時間の無駄だと退けられたのです。そして霊魂は、霊魂自体の〈有・無〉ではなく、その霊魂を受け止めるあなた自身の心の〈信・不信〉を議論せよと言われました。信・不信とは、あなたが霊魂を有ると信じるか、信じないかということです。霊魂の有無ではなく、それを受け止める私たちの信・不信。つまり受け止める側の問題だと答えられたのです。私たち坊さんは、お釈迦さまのその教えを受け止め、亡くなった方の霊魂は有ると信じて、仏事供養を行っているのですよ」と答えました。幸い「よく分かりました。すっきりしました」というお礼の言葉を頂きました。

「霊魂の有無を論ぜず、信不信を論ぜよ」と説かれたお釈迦さま。お通夜《つや》、葬式、法事といった仏事供養。読経《どきょう》や回向《えこう》、法号《ほうごう》（戒名《かいみょう》）といったことも、亡くなった方の霊が「有る」と信じるから行うものです。霊魂の有無ではなく、あなた自身の信不信を見つめて下さい。

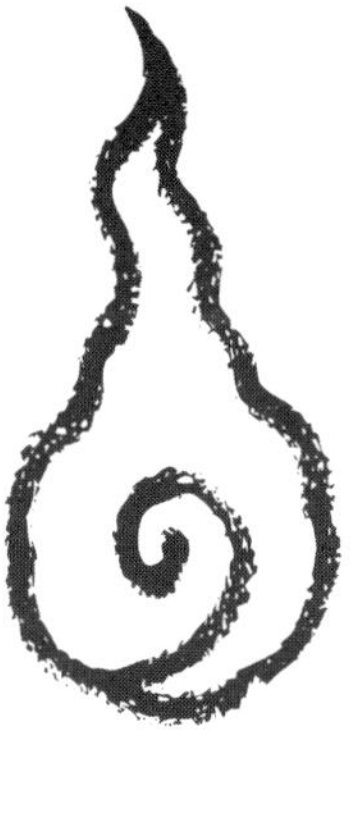

第16話　帰る時

日本人の平均寿命は、男性が76・11歳、女性が82・11歳（1992年当時。2018年は男性81・25歳、女性87・32歳）で共に世界一の長寿だといいます。めでたいことです。

しかし、寿命が延びたからといって私たちが不死、つまり死ななくなった訳ではありません。長寿とは、死がほんの少し先に延びただけのこと。命の儚《はかな》さは変わりません。

では、一体何のために仏さまは私たちに長寿を与えられたのでしょうか。

以前、公園の屑籠《くずかご》に、

帰る時　来た時よりも　美しく

という標語が書かれているのを見たことがあります。公園に遊びに来て、ゴミを散らかし、汚して帰る人に注意するためのものです。私はこの標語に、もっと深い意味を感じました。私たち人間は、父と母を縁にこの世に生まれました。生まれた時は素っ裸で、何一つ持っていません。赤ちゃんの可愛らしさは、この無一物《むいちもつ》の無欲さと無邪気さから生まれるのではないでしょうか。

そんな私たちが幼年・少年・青年・壮年と歳を重ねるに従って、人と争い、物や地位を奪いあい、いろんな欲や得で自分を汚し、老年に至るのです。考えてみると、私たち人間とは、他の多くの人を犠牲にし、その犠牲の上に生きるという、とても悲しく、残酷な生きものなのかもしれません。

そんな私たちも、いずれ時が来れば一人の例外もなく、みんな仏さまの下に帰って行かなくてはなりません。問題は、この世に生まれた時より、きれいな人間になって帰るのか、汚くよごれて帰るのかです。寿命が延びたのは、あの世に帰る時、この世に生まれた時より綺麗になって帰るために、仏さまが私たちにくれた功徳や修行を積むための「時間」というプレゼントなのです。若い時に苦労をし、そして迎えた老年期。趣味や旅行に楽しく生きるのもいいですが、せっかく仏さまから頂いた大切な時間。生まれた時より少しでも美しくなって帰るための功徳積みに使ってほしいものです。

第17話　人間礼拝

夏の終わり、お寺の役員さんとして師父の代から受付奉仕をしてくれたKさんが、静かに霊山浄土《りょうぜんじょうど》に旅立たれました。92歳でした。

受付に座ってお参りの人を迎えるKさんは、誰に対しても分け隔てなくニコニコと微笑みをたたえ、畳に頭をすりつけるようにしてお辞儀をし、丁寧な言葉で穏やかに接した方でした。あまりの丁寧さに戸惑う人もいるくらいで、Kさんはまったく気にすることもなく、いつもこちらが恐縮するほど丁寧にお辞儀をされた方でした。若い役員さんからKさんが慕われ尊敬されたのは、頭が切れるとか数字に強いとか能弁だからではありません。Kさんの他人に対する優しさと、その心から生まれる腰の低さです。

法華経の二十番目に常不軽菩薩品《じょうふきょうぼさつぽん》というお経があります。常不軽菩薩という方は、道で出会うどんな人にも合掌し、深々とお辞儀をして、次のような言葉を述べました。

「私はあなたを心から敬い、決して軽んじ

たりバカにしたりしません。なぜなら、あなたは菩薩の修行をし、やがて尊い仏になられる方だからです」と。しかし拝まれた人は気持ちが悪く、「あっちへ行け！」とか「このバカが！」と言って、石をぶつけたり棒で叩いたりして常不軽菩薩を追い払うのです。菩薩は追われるがままに離れ、遠くからその人を拝まれたというのです。この功徳で常不軽菩薩は仏となり、また石を投げた人々もその縁で救われたというのです。

法華経の信仰とは、親が子を子が親を、夫が妻を妻が夫を、人間と人間が拝み合うことを教えた人間礼拝《らいはい》の宗教です。現代は親と子が、人と人が憎み合い、殺しあうそんな悲しい時代。日蓮聖人は常不軽菩薩の精神とお題目は同じだと説かれました。私たちが仏さまに向かってお題目を唱えるのは、常不軽菩薩の人間礼拝の精神を受け継ぐためです。檀家の皆さんを丁寧なお辞儀で迎え、常不軽菩薩の修行を実践されたKさん。私たちもそんなKさんの生き方を参考にしたいものです。

第18話　ないと思うな

お彼岸の中日《ちゅうにち》、午前0時。お説教の準備をしていた時です。突然、隣りの来生寺《らいしょうじ》さんから火事を知らせるサイレンが。それもいつもと違うとてもけたたましい音。近くだなと思い外に飛び出すと、なんとお寺の隣りのMさんの家。窓からもの凄い勢いで炎が噴きだし、仁王門に火の粉が降り注いでいます。

当山は昭和7年の鰺ヶ沢大火で全堂が焼失。戦後ようやく本堂を再建。その後も二回、隣家のボヤで危ない目に遭っています。

またかという不安を胸に寺族へ連絡。庫裡《くり》や本堂への延焼を防ごうと水道からホースを引いて放水。駆けつけてくれた来生寺さんのご厚意で、仁王さまを来生寺さんへ避難。そのうちに檀家の方々も駆けつけましたが、不幸中の幸いで風が本堂と反対方向に吹いたため、本堂の仏具の移動はしばらく様子を見ることに。こんな時は消防車が来て放水されるまでの時間がとても長く感じるものです。火は午前2時半頃にM家を全焼して鎮火しましたが、行方の分らなかったMさんご夫婦が遺体で見つかるという悲しい結末になりました。

東京大田区の大本山・池上本門寺の墓地に変わったお墓があります。普通、お墓の裏には建立者の名前が彫られているもの。ところがそのお墓には、

いつまでも　有ると思うな　親と金
　無いと思うな　運と災難

という句が彫られているのです。このお墓の建立者は、自分が死んだ後、お墓参りに来る子孫へ「あると思うな親と金」「ないと思うな運と災難」ということを伝えたかったのだと思います。当山の仁王門はこの火災で半分焼け焦げましたが、幸い大事に至らずホッとしました。仁王様が火を防いでくれたお陰で、大難が小難で済んだのではと話し合っています。「ないと思うな運と災難」。いつ何が起こるか分らないのが私たちの人生。特に忙しい時ほど気をつけなくてはなりません。そんな時にこそ、仏さまに手を合わせるという時間と余裕が大事なのではないでしょうか。

第19話　福60

先日、ある町の福祉大会の講演時のことです。事前に担当の方と電話で打ち合わせをしました。「演題は何にしますか？」と聞かれ、高齢者が多く集まる講演ということなので「福《ふく》・禄《ろく》・寿《じゅ》として下さい」と話し、電話を切りました。

大会当日、会場は町長さんはじめ町のお偉方を筆頭に、沢山の聴衆で満員。控室から係の方に案内され会場に入ると、一段と大きな歓迎の拍手が。にこやかに会場の中央を通り、ふとステージを見上げると、大きな横断幕に演題と私の名前が大書されています。ところが驚いたことに、「福・禄・寿」と書かれているはずの演題が、なんと「福60」となっているではないですか！「福」は良いが「禄寿」が「60」に勘違いされたのです。私が準備した話は「福・禄・寿」。「福60」なんて聞いたことも考えた事もないテーマ。いやはやびっくりしました。一瞬目の前が真っ暗になりました。電話という、言葉での連絡から生まれた間違いです。平静を装い「福・禄・寿」の話をしながら、とっさに考えたのが次のような「福60」の話です。つまり、人間60歳までは、子どもや家族、仕事のため必死に生きています。そして60歳。子育ても終え、仕事も定年に。しかし人生八十年といわれる長命化の時代は、60歳以後、20年の時間があります。なぜ仏さまは私たちに貴重な20年の時間を与えたのでしょう。仏さまから与えられたこの20年を、自分の楽しみのためや、ただボーッと生きていていいのでしょうか。60歳からの生き方は、60歳までの生き方とは違います。60歳を過ぎたら自分のためでなく、60歳までの自分を支えてくれた家族をはじめ、地域や社会にお返しをする「福づくり」、つまり仏教でいう「功徳積《くどく》み」をするための20年ではないでしょうか。「福60」、60歳を過ぎたら福づくりをする。そのためには元気に長生きをして、地域社会のための福づくりという「功徳積み」を頑張りましょう、と結びました。登壇の時より、降壇の時の拍手が大きかったのが嬉しかったです。

第20話　赤い毬

江戸時代の学者に滝鶴台《たきかくだい》という方がいました。ある日、彼の奥さんの着物のたもとから赤い糸で作った毬《まり》が転がり落ちました。不思議に思った滝が、「その毬はどうしたのか?」と尋ねました。奥さんは恥ずかしそうに顔を赤らめ、「実は…」と語り始めました。彼女は普段から、何か良いことをしたと思う時は白い糸で毬をかがり、逆に悪いことをしたなと思う時は赤い糸で毬をかがってきたというのです。いつも良いことをした白い毬が大きくなり、悪い事をした赤い毬が大きくならないようにと、常日頃から毬を作ることで自分を戒《いまし》めてきたというのです。そして、ようやくこの頃、「白い毬と赤い毬が同じくらいの大きさになるようになりましたが、まだ一度も良いことをした白い毬が赤い毬より大きくなったことがないのですよ」と恥ずかしそうに語ったというのです。学者として人の道を説く滝鶴台は、この奥さんの殊勝な心がけに感じ入り、同時に自分の不心得を恥じたというのです。

時が経つのは早いものです。あっという間に一年が過ぎていきます。毎日を忙しく走り回っていると、その忙しさだけで何となく充実した時を過ごし、良いことをしているような気がするものです。しかし、ではどれだけ白い糸の毬が大きくなったかというと、はなはだ疑問です。それどころか、「忙しい」「仕事だから」という理由で、言葉や行動で誰かを傷つけたり、悲しませたり、偉そうな態度をしていなかったでしょうか。考えると、赤い糸の毬をどんどん大きくしてきた気がしてなりません。

「忙」という漢字は、立心偏に「亡《ほろ》ぶ」と書きます。つまり忙しいとは、心を亡ぼしているということ。これを縦に重ねると「忘」、つまり忘れるという字になります。「小人閑居《しょうじんかんきょ》して不善をなす」という言葉があります。忙しいことは悪いことではありません。ただ気をつけなくてはいけないのは、何のために忙しいのかという、忙しさの真の目的やその心を忘れないことです。白い糸の毬をもっともっと大きくしましょう。

第21話　有り難し

先日、車椅子の若者が両親に助けられてお参りに来ました。お話を伺うと、交通事故で九死に一生を得たものの、足や手が麻痺してしまったというのです。目下リハビリ中だそうですが、そんな自分に苛立《いらだ》ち、幾分捨て鉢になっているというのです。無理もありません。屈強な体の若者が、自分より体の小さな両親に助けてもらわなくては動けないのですから。そんな若者の姿を見て、「つくづく人間ってわがままで弱い生きものなのだなあ」と思いました。死なかったのが不思議なほどの大事故。当初は命が助かったことを喜んでいたのに、それがいつか当たり前になり、今度は不自由な体が不満に。そんな彼に私は次のような話をしました。元気だったころの自分を思うと、今の自分が情けなく、そんな自分にさぞ腹が立つでしょうね。ところで青森市の郊外に松丘保養園《まつおかほようえん》というハンセン病患者の施設があります。そこを訪問した時のことです。施設の壁に「妻にまだ2指あり今日も洗濯ができる　有り難し」という句が掲示されていました。係の方に聞くと、夫婦で入園している方が詠んだというのです。ハンセン病になると鼻や指が欠け落ちていくそうです。夫婦合わせて20本あるはずの手の指が18本欠け落ち、今は奥さんの手に2本の指しか残っていない。なのにこの方はそれを恨むのではなく、「妻にまだ2指あり」と失った指ではなく残った指を数え、「今日も洗濯ができる」と喜び、そして2本指のある事を「有り難し」と感謝しています。健康な人、幸せな人とは、こんな心の人のこと。大事故でも死ななかったあなた、寝たきりにならず車椅子でお寺に来られたあなた、そのあなたの椅子を押し、オンブしてくれるお父さんがいるあなた。不満や怒りたいことが沢山あるかもしれない。でも「有り難し」ということもいっぱいあるはず。今日はお願いではなく、仏さまに「有り難う」の祈りを捧げて下さいね、と話しました。さて、五体健全なあなた。あなたはそんな幸せに感謝して生きていますか？

第22話　ストレス

世の中がこれほど便利で豊かになったというのに、なんでこんなにイライラ・ギスギス・ピリピリしているのでしょう？　日本人全体が一触即発、今にも爆発しそうな、そんな昨今です。日本という国は一億総ストレス社会で、それが原因の争い事や事件も多くなりました。

生物学者の森一《はじめ》教授が、江戸時代の大名や公家《くげ》、お侍《さむらい》さんやお坊さんなど数千人の資料をもとに調査した、階層別の平均死亡年齢という報告書を読みました。それによると、意外なことに一番楽をしているはずの大名の平均死亡年齢が48・3歳と最も短く、大名の家臣が64・7歳。お坊さんが68・6歳で一番長生きだったというのです。この調査結果を分析した森教授は、大名が短命なのは体を動かさず、美食、つまり栄養価の高い食事をし、さらに高い地位にいるために強いストレスを受けていたからだというのです。反対に一番長寿だったお坊さんはというと、修行で心身を鍛え、精進料理という粗食、節制と節度のある生活を送り、さらに信仰によりストレスがなかったことが原因だというのです。そして、「ストレスなど精神の影響が、人間の寿命に大きくかかわる」と結論づけていました。

ところで私たちはどうでしょう。戦後の苦しい時代、白いご飯が食べられることを幸せと思っていた私たち。それが今では、お盆かお正月のようなご馳走の毎日。それでも足りなくて一億総グルメ狂い。ほとんど体を動かすことはなく、隣りに行くのも車。加えて家庭も職場も、いやこの世の中全体がイラつくことばかり。たまる一方のストレス。それが私たちの現状です。どうも私たちは江戸時代の大名と同じ生活をしているようです。これでは長生きなどとても望めそうもありません。かといって今さら江戸時代のお坊さんのような生活は、私たち坊さんでさえ無理。せめてお題目を唱えるという信仰を通し、イライラというストレスを少なくして心に安らぎのある生活をしたいものです。

第23話　我此土安穏

人間とは実に身勝手な生きものです。冬は寒いと文句を言い、夏は暑いと不満を言います。暑さ寒さに限らず、仕事も家族も、日本という国も、とにかく人生で出会う全ての物事の粗を探しては、嫌だ嫌だとボヤいて生きている、そんな人が多いのではないでしょうか。

お釈迦さまは私たちの人生を「火宅《かたく》」火のついた家と言い、この世は「娑婆《しゃば》」という、苦しいことや辛いことを我慢しなくては生きられない「忍土《にんど》」だと説かれました。

ところがその同じお釈迦さまが、法華経の十六番目のお経の中で「我此土安穏《がしどあんのん》」と述べられたのです。この娑婆世界を火宅や忍土と思い不平不満を感じるのは、あなた自身のものの見方や感じ方、受け止め方がそうさせているのだというのです。それなのに、人はこの娑婆を苦しみの世界と嫌い、浄土を余所《よそ》に求めます。実は、浄土はこの娑婆世界の中にあるのに、と説かれたのです。娑婆を忍土にするか浄土にするかは、私たち自身の心にあるというわけです。

薄田泣菫《すすきだきゅうきん》という方の詩に

山家《やまが》育ちの　ほおじろが
山が辛いと　里に出て
里で捕られた　ほおじろが
山が恋しと　泣きまする

という作品があります。山は辛くて嫌だと里に出たホオジロ、里で捕らえられ籠《かご》に入れられたホオジロが今度は山が恋しいと泣いているという、身勝手な私たちを譬えた詩です。

この世は娑婆。だから人生四苦八苦するのが当然なのです。有れば有るなりに、無ければ無いなりの苦労があるのが世の中です。ホオジロのように、そこから逃げてもまた別の苦しみに出遭うもの。大事なのはそこから逃げることではなく、自分が仏になること。自分が仏になれば、そこは浄土になるのです。娑婆がそのまま寂光《じゃっこう》の浄土になるのです。見ようによっては娑婆世界って、けっして捨てたものではないのです。

第24話　利益

　バブル不況のせいではないでしょうが、最近企業の経営者や管理職の団体からの講演依頼があります。そんな時、私はご利益の話をします。いえ、ご利益といっても新興宗教のように金が儲かる病気が治るといったことではありません。利益という言葉を通して、人の生き方や企業の在り方の話をするのです。

　そもそも利益という言葉は仏教の言葉。しかし同じ利益という漢字でも、仏教では「リヤク」と読み、一般には「リエキ」と読みます。実はリエキと読むかリヤクと読むかで、その内容がまったく違うことになるのです。リエキとは、簡単にいうとお金が儲かることです。事業や商売を行う人は、このリエキを上げるために頑張っている訳です。しかし、仏教で説くリヤクは違います。リヤクとは単にお金が儲かることではないのです。お金ではなく、「幸せ」を授かることがリヤクです。お金は大事です。しかし世の中には、有り余るほどのお金を持っていても不幸な人がいます。逆に、あまりお金に縁がないのにとても幸せな人もいます。不幸せな金持ちと、貧しいけど幸せな人。あなたはどちらを選びますか？

仏教で説くご利益の利とは道理の「理」。道から外れての真の幸せはないのです。道とは人の歩む道であり、それは仏に至る道です。だからリヤクは幸せになれるのです。

事業者にとって、リエキを上げることは最重要課題です。そのためには効率を良くし費用対効果を上げることです。経費や人件費を少なくし、さらに職場の安全や品質の管理、顧客の信頼や社会貢献、企業倫理、時には法律さえも無視してリエキを上げる事に。そしてリエキのためには道など不用ということに。ここがリエキとリヤクの違いなのです。企業の真の成功や繁栄というリヤクは、仏の道につながってこそ頂けるもの。お寺にお参りをし、お経を読んだり、お説教を聞くのは、リエキのためでなく、リエキよりもっと大切な企業の幸せというリヤクを頂くためなのでは、と話しています。

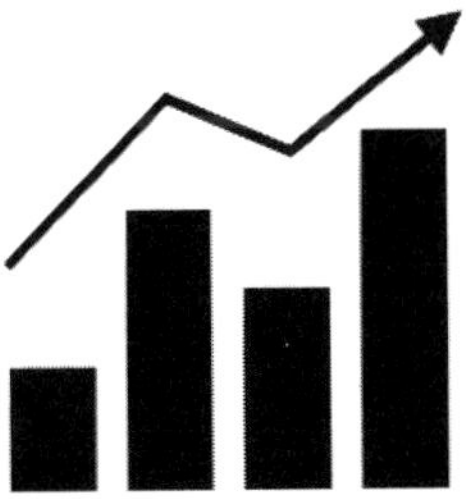

第25話　与える喜び

少年の主張全国大会の「文集」に載っていた全盲の中学2年生の神田知佳さんの作文を紹介します。彼女は小学4年生の時に失明し、大阪府立の盲学校に通っています。

全盲になった時、彼女は深い絶望感に陥り、心が冷たく凍ったようになったと言います。その彼女が、「光と自由を失って、もっと素晴らしいものがあることを知りました」と言うのです。そして、「それは人の心の優しさということです」と。そのきっかけは、3ヶ月間、毎朝電車に乗ると、決まって学校の近くの信号まで手を引いてくれる女の人。彼女はその人の手の温もりを通して、「人の心の優しさ」を理解するようになったというのです。ところが、そこで彼女はふと疑問に思うことがあり、立ち止まるのです。それは「与えられることが多く、与えることの少ない者が、本当に人の心の優しさを理解することができるだろうかということです。私はそれを知ったと言いましたが、もしかして本当は分かっていないのかもしれない。なぜなら、今の私には誰かに優しくしてあげられるものがほとんどないからです」と述べ、「いつの日にか与える喜びを通して、与えられる有り難さの本当の意味を私は知らなければならない」と思い、将来英語の先生になり、自分の全てを生徒に捧げようと決心します。「それまでに、私が受けた全ての優しさに負けないように」と作文は結んでいます。

目の不自由な神田さん。与えられて当然の彼女が「与えることとの少ない者に、人の心の本当の優しさは分からない」と述べ、「与える喜びを通して」、はじめて「与えられる有り難さが分かる」というのです。いかがですか?「今どきの若い者は」とよく言いますが、全盲という重いハンデを負いながら、こんな素晴らしい心の中学生がいることが嬉しいです。仏教で説く「布施《ふせ》」とは、本来「与えられる喜び」のために「与える」行為なのです。奪うこと、与えられるのが当り前という世の中の風潮に、神田知佳さんの涼風が爽やかです。

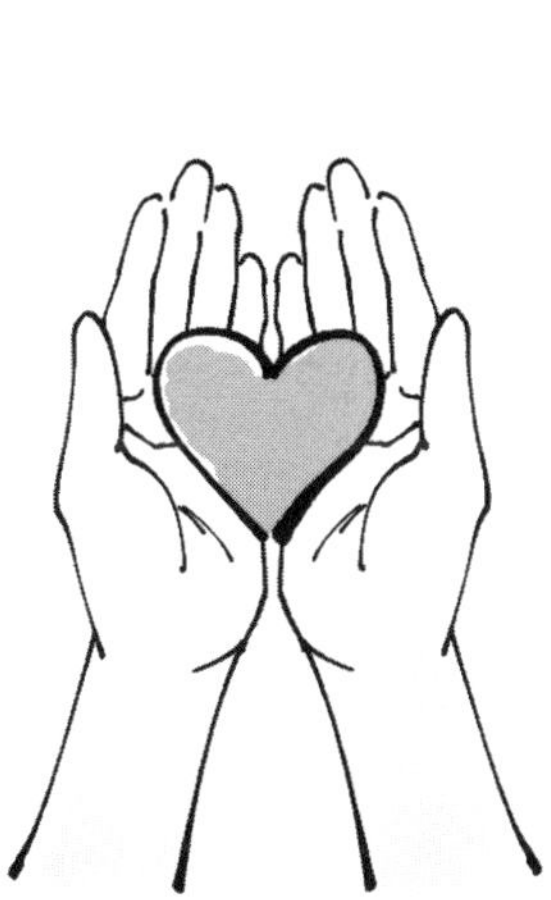

第二章

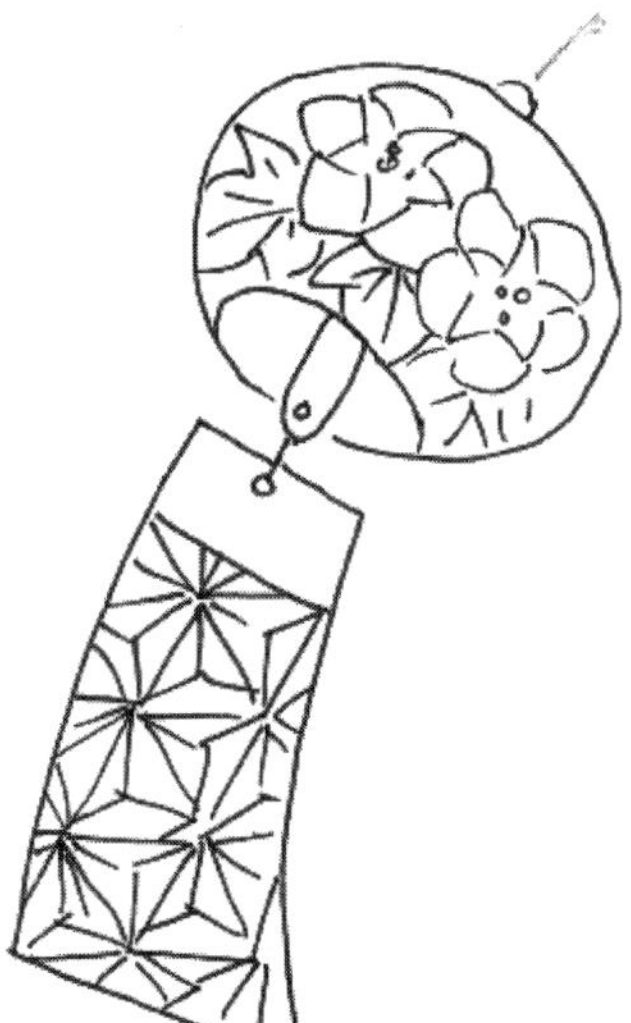

第26話　栴檀香風

詩人の相田みつおさんの作品に、

あなたが
そこに
ただいるだけで
なんとなく
その場の空気が
明るくなる

という詩があります。永昌寺で行っている小中学生を対象にした「海辺のつどい」。「先生、仏さまってどんな人？」と聞かれる事がよくあります。そんな時、私はこの詩を引用して説明します。

「仏さまとは、お仏壇の中の金ぴかの偉そうな方ではないよ。それどころか私たちと同じ、どこにでもいる普通の人。ただ違うのは、仏さまがそこにいるだけで、空気まで明るく清らかになり、側にいる人の心をホノボノと美しく変えてくれる、そんな爽やかな、とっても素敵な人なんだよ」と。

私の好きな法華経の一節に「栴檀香風《せんだんこうふう》悦可衆心《えっかしゅうしん》」という言葉があります。栴檀とは、とても良い香りのする香木です。その栴檀の木に風が吹くと、芳しい香りがあたり一面に広がり、その香りを嗅いだ人々の心に、なんともいえない喜びが生じるというのです。お釈迦さまの徳を栴檀に譬えたお経文《きょうもん》です。生きとし生けるものを我が子と慈しむ慈悲の心と、物事を正しく見極める智慧《ちえ》、私利私欲を離れた清らかな心から生まれる、仏さまの徳の香りです。

あなたが
そこに
ただいるだけで
なんとなく
その場の空気が
明るくなる

そんな仏さまのような人になれたら素晴らしいですね。仏教とは、自分の中のドロドロした煩悩《ぼんのう》や自己中心的な考えを清め、正しい智慧で、人間から仏さまに生まれ変わることを説いた宗教です。しっかり信仰に励みましょう。

第27話　アイデンティティー

青森県宗務所では、昔から毎年4月28日に県内のお上人が集まり、日蓮聖人立教開宗会を盛大に行っています。前日には教師大会が開催され、時には講師を招いての研修会も行われます。弘前大学教養部助教授であるカーペンターさんの「アメリカ人から見た津軽」という一時間の講演はとても有意義でした。

カーペンターさんはＮＨＫ弘前で英会話も教えており、奥さんは津軽の人。温泉や日本酒が大好きで、ホヤやたつ（鱈の白子）も食べる「変な外人」。その彼が、津軽の弘前で「あずましく」暮らすためにと教えられた処世訓は、目立たないこと。そのためには議論をするな、敵を作るなということだったそうです。それを守っているためか、3年契約だった弘前大学の教師を今も続けている、と笑いを誘います。

その彼が久しぶりにアメリカに帰った時、彼の態度を見て「お前は変だ、はっきりしろ」と母親に叱られたというのです。彼の家族はアメリカ人の大半がそうであるように、自分の意見をはっきり言い、侃々《かんかん》諤々《がくがく》な議論をするというのです。そんなアメリカの社会や家庭で育った彼が、目立つな、議論をするな、敵を作るなというアメリカとは全く逆の津軽で、心地よく暮らしています。「はたして自分は、アメリカ人なのか日本人なのか?」とユーモアを交えて私たちに問いかけていました。

アメリカ人をアメリカ人たらしめ、日本人を日本人たらしめているものをアイデンティティーというそうです。仏教には禅宗、浄土宗、浄土真宗、日蓮宗など、いろんな宗派があります。どれも同じではないのです。それぞれの依って立つ経典や教義が違い、それにより物事の考え方や人の生き方、日常の行動まで違うのです。つまりアイデンティティーが違うのです。法華経を拠りどころとする日蓮宗の人は、法華経的生き方や考え方で行動をする人です。法華経を身をもって生きた人、それが日蓮聖人です。その生き方をしっかり学んでほしいものです。

第28話　イエスな生き方

『法華経は〈イエス〉の教え』という題名の本が出版されたそうです。法華経はお釈迦さまが説いたお経。イエス・キリストなど関係ないと一瞬ドキリとさせられました。道岡日紀さんという日蓮宗のお坊さんが書いた本で、題名の〈イエス〉とはイエス・キリストのイエスではなく、イエス、ノーのイエスとのこと。つまり法華経とは、物事をノーと否定するのではなく、肯定、それも人生のすべてをイエスと大肯定する生き方が説かれたお経だというのです。

「もう歳だから」「どうせ自分なんか」「今さらこの歳になって」と、日頃何気なく使っている「もう」「どうせ」「今さら」という言葉。日本人は昔から言葉には「言霊《ことだま》」という魂があり、言葉はその言葉の意志をもって働くと信じてきました。「もう」「どうせ」「今さら」という言葉は、自分の未来を否定する言葉です。「もう」「どうせ」「今さら」と思ったら、何にもできません。私たちの前に広がる無限の可能性、二度とない貴重な人生を否定し、幸せの入ってくる窓を閉める呪いの言葉です。「もう」「どうせ」「今さら」をやめて、「まだ」「もっと」「さらに」という肯定語を使ってみて下さい。まだ大丈夫、もっと頑張ってみよう、さらに美しく生きよう、そう思っただけで、生きる勇気と力が湧いてきます。言葉には力があるのです。否定語を使うと生きることにも否定的になり、肯定語を使うと生き方も肯定的になるのです。

どうしようもない人間。しかしその人間の中のキラッと光る「仏」を信じて生きることを説く法華経。嫌なことばかりの娑婆《しゃば》の世。その娑婆に浄土を感じて生きる。それが法華経です。イエスもイエス、人生大肯定が法華経の教えです。日蓮宗が昔から「だんだん良く鳴る（成る）法華の太鼓」といわれたのはそのためです。同じ人生を生きるなら、「もう」「どうせ」「今さら」と下を向くのではなく、「まだ」「もっと」「さらに」と胸を張って生きたいものです。お題目にはそんな力があるのです。

第29話　勿体ない

慣れるというのは怖いものです。人間、一度贅沢に慣れると、なかなか元の質素な生活には戻れないものです。ご馳走に慣れると昔の食事は不味くなり、快適さに慣れるとほんの一寸した暑さや寒さも耐え難くなります。照明の明るさだってそうです。昔は40ワットの電球でも十分明るいと思っていたのに、やがて60ワットになり100ワットになり、それでも暗いと思うようになるから怖いです。私たちの欲望には限度がありません。しかし資源には限度があります。当然、油も電気も使えば減り、いずれなくなります。通産省の試算によると、私たちがこのまま電力を消費するためには、原子力発電所があと35基も必要だというのです。しかし原子力は危険ですから、安全な太陽光発電にすると、なんと東京都の広さほどの太陽電池が必要になります。石油や石炭を使用した火力発電にすると、排出されたガスを吸収させるための森林として、関東一都六県以上の広大な範囲に造林をしなくてはいけないというから大変です。そして電力会社では、電力の使用を現在の半分にしてほしいと訴えています。

　バブル景気が弾けて不況が世界を襲った時、これはバブル不況ではなくバチ当たり不況だと言った人がいました。感謝を忘れ、贅沢に慣れた私たち。人間の傲慢《ごうまん》さに、バチが当たっての不況だというのです。その通りだと思います。

　資源もエネルギーも限度があるのは子どもでも知っていること。だとすれば、やるべきことは一つです。数学の分数を思い出して下さい。上の方の分子が資源やエネルギーです。分母が私たちの欲求です。分母の欲求が大きくなれば、当然答えは少なくなり、逆に分母を小さくすると答えは大きくなる、それが分数です。まず、私たちの欲求を「少欲」にすること。そして昔の人がよく使った「勿体《もったい》ない」を復活させることです。「勿体ない」には「お陰さま」という感謝の心が付いています。「一滴の水は天地のめぐみ」と祈る私たち。「勿体ない」「お陰さま」を率先して実践したいものです。

第30話　名は体を

先日、生まれた子どもに「悪魔」という名前をつけ、役所に断られたといって訴訟を起こし、それが認められたというニュースがありました。なんでも目立つ名前にしたかったとか。その後、親は訴訟を取り下げたので、「悪魔」という名前はつけられませんでした。それにしても随分思い切った名前をつけたものです。もしこのままだったら、将来この子が名前のせいでいじめや差別に遭い、名づけた親を恨んでいたと思います。そんな大人たちの心配を余所に、悪魔ちゃんは天使のような笑顔で微笑んでいたといいます。

大分前の話になりますが、浅間山荘事件で名を馳せた赤軍派の女性は、自分の子にライラという名前をつけたことがありました。ライラとは、共産主義の活動化ライラ・カリドからとったもの。共産主義への憧れからつけたもので、事件の後、子どもが可哀想と改名したそうです。古来、日本人は「名は体を表す」といい、とても名前を大事にしました。日蓮聖人も「日本の二字に、八十余州の人畜財部がすべてふくまれる」と述べ、人の名前はもちろん、物の名前も大事にされました。

　母が、懐に太陽が飛び込む夢を見て懐妊したことから、幼名を善日麿《ぜんにちまろ》といった日蓮聖人。そして16歳で出家をした際に、師の道善房《どうぜんぼう》から頂いた名前が是聖房《ぜしょうぼう》蓮長でした。長い研学の末、32歳で立教開宗をされた聖人は、ご自身の名前を日蓮に変えました。

　日蓮という名前には、とても多くの意味があります。まず〝日〟は父母から頂いた善日麿の「日」、〝蓮〟はお師匠さまから頂いた蓮長の「蓮」。さらに、あらゆるもののいのちを育む太陽の「日」、泥から生まれても泥に染まらず綺麗な花を咲かせる蓮華の「蓮」、生まれた国の日本の「日」。八万四千といわれるお釈迦さまの教えの中で、末法の人々を救う妙法蓮華経というお経の「蓮」。〝日蓮〟というたった二字の中に、聖人は感謝や希望、願いといった思いを込められたのです。武士は自分の名前を汚すことを最大の恥辱と考えました。両親がつけてくれたあなたの名前。その意味を考えてみては。

第31話　菩薩

発明王といわれたエジソンの言葉に、「成功とは結果ではかるべきではない。それに費やした努力の総計ではかるべきである」という言葉があります。私たちは成功というと、その結果で判断しがちです。しかしエジソンは、成功とは結果ではなく、そのために費やした努力にあるのだと言うのです。天才といわれ、発明王といわれたエジソン。そのエジソンにして、なお努力の大切さを述べているのです。いや、天才といわれ発明王といわれる人ほど、我々凡人の知らないところで、血の滲《にじ》むような努力をしているのだと思います。

大学院時代にお仕えした湯川日淳《ゆがわにちじゅん》上人に、仏さまと菩薩さまとの違いを尋ねたことがあります。三十二相というお姿も、悟りの中身もどちらも同じ。なのに菩薩はランクが一つ下。いったいどこがどう違うのか、と。湯川上人の答えは、「完成した菩薩が仏で、未完の仏が菩薩。ちょうど菩薩が三日月だとすれば、仏さまは満月のようなもの。月という点ではどちらも同じだが、その月に三日月と満月の違いがあるように、仏さまと菩薩さまの違いもそういうものです」と教えて頂きました。そして、「田端君、私たちは未完の仏なのだから、しっかり頑張らなくては」と話されました。

法華経には、私たち人間はみな尊い仏の子であると説かれています。ここで勘違いしてはいけないのは、仏は仏でも未完の仏なのだということです。仏を目指し、たゆまず修行を続ける菩薩。それが私たちであり、そして仏を目指して努力している菩薩の私こそが、実は仏であり、それを成仏というのです。エジソンは成功とは努力にあると言いましたが、仏とは菩薩が菩薩としての努力をしているその姿をいうのです。法華経は私たち菩薩のために説かれた教えです。菩薩とは頭や口でなく、足で修行する人です。溜まり水は腐るといいます。仏を目指し、菩薩の歩みを止めることなく、しっかりと歩み続けてほしいものです。

第32話　澄むと濁る

昔の人の作った歌に、

世の中は　澄《す》むと濁《にご》るで　大違い
　人が茶を飲み　蛇が人を飲む

というのがあります。チャというと私たちが飲むお茶です。そのチャが濁ってヂャになると、人を飲む大蛇のヂャになるという歌です。なるほどと思います。同じような歌に、

世の中は　澄むと濁るで　大違い
　刷毛《はけ》に毛があり　ハゲに毛がなし

というもの。澄むと濁る、つまり濁点が付くだけで物事の意味がまったく違ってしまうというのです。昔の人はよく考えたものですネ。

本能がなければ、どんな生きものも生きてゆくことはできません。だから本能はとても大事なものです。ただ問題は、その本能が濁って「煩悩《ぼんのう》」になることが問題なのです。そもそも人間生まれた時は、肩書もなければ、財産も地位もない、まったくの素っ裸でこの世に誕生したはずです。純粋で無垢だった赤ん坊の私たちが、成長する

と共にあれが欲しいこれが欲しいと、いろんな欲しいを身にも心にもべったりと貼りつけ、どんどん自分を欲で汚していきます。そしてその欲をなくすのに、さらなる欲でそれを消そうとする私たち。欲に取りつかれ、その欲で自分を縛りつけ、身動きができなくなり、自らが苦しむことになる煩悩。

お釈迦さまは、十悪の中で一番恐ろしい煩悩は貪欲《とんよく》だと戒《いまし》められました。人間のこころが貪欲に取りつかれると、人は決して幸せになることができないのです。なぜなら、どんなに地位やお金、よい家族に恵まれても、決して満足や感謝を感じることができず、常に足りないという不満・不足の思いしか持てなくなるからです。本能に貪欲という濁点がついて煩悩になったとき、人は地獄という苦しみの世界に落ちるのです。本能がなくなったら人は死にます。だから本能は大事です。しかし煩悩はダメです。しっかりお題目を唱えて、煩悩の濁点を消すようにして下さい。

第33話　朗働を

旧約聖書によると、「労働は神との約束を破って禁断の木の実を食べた人間に与えられた罰」といいます。罰だからなるべく短くて軽い方がいい。労働はあくまで糧を得るための手段。だから必要最小限に、なるべく汗をかかず、効率よく働くことが良いこと。そして余暇を楽しむことこそ人生の目的、というのが西洋の考え方です。これに対して日本人は、お金のためもありますが、働くこと自体を目的とし、仕事や働くことを生きがいとしてきました。西洋と日本の労働意識はこのように違います。

ところで、同じ労働でも三種類の労働があるそうです。一番目の労働は、苦労の労という字を書く、平素私たちが使っている「労働」です。本当は仕事などイヤなのだが、お金のため、生活のため、家族のために、苦労して働くという労働です。目の前に吊るされた人参のために働くロバと同じものです。二番目の労働は、牢獄の牢と書く「牢働《ろうどう》」です。牢獄の囚人は働く意志などまったくありません。しかし監視している看守の目とムチが怖いから、しょうがなく働くのです。上司や奥さんに叱られるのが怖いからしょうがなく働くというのも、そんな労働です。そして三番目の労働は、明朗の朗、朗《ほが》らかという字を書く「朗働《ろうどう》」です。お金や家族のためもありますが、自分の仕事に意義や誇りを感じ、働くこと自体を喜びとし、仕事を楽しむという心で働く労働です。同じ労働でもいろいろな労働があるものです。

宮仕えの辛さを嘆くご信者の四条金吾《しじょうきんご》さんに、「御宮仕《おんみやづか》いを法華経とおぼしめせ」と説かれた日蓮聖人。私たちは仕事と信仰は別のものと考えていましたが、聖人は仕事がそのまま法華経修行なのだと諭されたのです。仕事は単なるお金儲けのためのものではなく、自分を仏に変える仏道修行だというのです。仕事に楽な仕事などありません。その仕事を仏になるための修行と受け止めたとき、辛い労働も有り難い朗働に変わるのでは。

第34話　よく見れば

4月下旬、弘前公園の桜だけでなく、当山の境内にたった一本ある桜も、見事な花を咲かせました。長く厳しい吹雪の冬を生き抜き、一年に一度、しかもとっても短い数日だけ、精いっぱい花を咲かせる桜。その美しさを道行く人にも見てもらいたく、夜遅くまで外灯で桜を照らし、夜の闇に桜を浮き上がらせました。

以前、農業を営む檀家の青年と話した時のことです。農業の大変さをいろいろ話した彼が「でも、考えてみると一年に一度の米作り。果たして、これから何回田植えができ、稲刈りができることか。そう思うと今年も頑張って良い米を作らなくてはと思います」と語ってくれました。人生80年として、これから何回春を迎えることができ、何回桜を見ることができるか。私たちは100年も200年も生き続けるかのように思い、一年に一度しか咲かない花に目を止めることもなく過ごしてはいないでしょうか。

よく見れば　なずな花咲く　垣根かな

という句があります。日頃何気なく見過ごしている垣根。しかしよく見ると、ナズナがきれいな花を咲かせているではないかという、美しいものを再発見した感動を詠った句です。

世の中の動きや変化がとても早い時代です。その中を忙しい忙しいと、毎日をかけ足で生きている私たち。それは、まるで高速で走る車や新幹線の窓から風景を見ているようなもの。あっという間に通り過ぎる車窓からは、表面だけの風景しか見えません。怖いのは、それで見たと思ってしまうことです。

風景に限らず、世の中の物事は「見る」だけでなく「よく見る」ことが大事です。よく見なくては垣根のナズナの美しさは分らないのです。忙しい忙しいは「よく見る」ことを疎《おろそ》かにし、一生に一度しか出会えない美しい花、いや大切な人や幸運さえも見逃してしまうことになります。物事を「よく見る」のは「目」ではなく「心」です。心を落ち着かせ、清らかにすること、そのためにお寺があるのです。

第35話　ことわざ

親の意見と　ナスビの花は
千に一つの　無駄もない

確かこんな都々逸《どどいつ》がありました。親の意見だけでなく、昔の人が作った諺《ことわざ》や金言には、貴重な人生の教訓や智慧《ちえ》が込められているものです。ところが最近は、どうもそうした諺や金言の意味を誤解して用いている人が多いというのです。

「可愛い子には旅をさせよ」という諺があります。我が子が可愛いなら、親の元に置いて甘やかすことをせず、世の中の辛さや苦しみを経験させたほうがよい、という意味です。ところが、大学の卒業旅行でハワイに行くお金を親に無心している娘さん。親に反対されて言った言葉が「お母さん、私のこと可愛いと思う？」。聞かれたお母さんが「そりゃあ当り前でしょう」と答えると、「だったら旅行のお金をすぐ送ってよ。ホラ、昔から〈可愛い子には旅をさせよ〉っていうでしょう！」と。誤解もここまで来ると笑い話です。「情けは人のためならず」も昔からよく使われた諺です。

人に対して情けをかけておけば、巡り巡って自分に良い報いが帰ってくるという意味です。ところが、最近の若者の解釈は違うようです。他人に情けをかけると、甘えや依存心が強くなり、自立ができなくなってしまう。だから、情けは他人のためにならないのでかけてはいけない、というのです。そんな解釈があるんだと驚くばかりです。「情けは人のためならず」には、縁起や布施《ふせ》、回向《えこう》といった仏教の教えが根底にあります。他人のための善事善行、またご先祖やお寺のためと思ってしている修行や供養。しかしその功徳は回向（巡り巡って）されて自分に帰ってくると仏教は教えます。それが「回向」（回して向ける）ということです。自分のためと思うことで、情けをかける相手に負い目を感じさせず、感謝やお礼の見返りを求めないという、まさに無私無償の善行を勧めた諺なのです。情けだけでなく信仰も同じです。それは「人のため」でなく、自分のためなのです。しっかりお題目を。

第36話　喜のこころ

昔の狂歌に、

よき仲も　近ごろ疎《うと》く　なりにけり

隣りに蔵の　建ちしこのかた

というのがあります。隣りと自分は何の関係もない他人。なのに隣りに蔵が建ってからというもの、何故かそれまでの親しい関係が疎遠になったというのです。フランスの思想家ルソーは『エミール』という本の中で、「人間は自分が幸せであるだけで十分なのではない。他人が不幸になることが必要だ」と述べています。何とも狭くて小さな悲しい心、それが人間の「嫉妬心」というものなのです。仏教では嫉妬を人間の心の働きの一つと考えます。羨《うらや》み、妬みという嫉妬心は女性特有の心と思っているでしょうが、決してそうではありません。男にだってあるのです。同時に、嫉妬そのものには善も悪もないと考えます。嫉妬心があるから人間は競争意欲を持ち、進歩向上しようという努力や精進の力が湧いてくるのです。嫉妬が迷いや煩悩《ぼんのう》になるのは、その嫉妬に心が振り回され、物事の道理を見失い、あげくは他人の不幸を願い、他人を引きずり落とそうという邪《よこしま》な思いに囚われるからです。

お寺の賽銭箱に書いてある「喜捨《きしゃ》」の喜とは、「私が入れたお賽銭でお寺が良くなり、仏さまが喜ぶことを、私は喜びます」という意味です。他人の幸せを、自分が受けたと同じ気持ちで喜ぶ心が「喜」です。他人の不幸に同情することはできます。しかし、他人の幸せを喜ぶことはなかなか難しいものです。同時にこの「喜」の心がないと、人は幸せになれないとお釈迦さまは言うのです。

長谷川伸《はせがわしん》という作家は、「日本人はバケツの中のカニだ。一匹のカニがやっと這い上がりかけると、ほかのカニがそいつをすぐ引きずりおろしてしまう。日本人は本当にバケツの中のカニだ」と語っています。津軽にも「津軽の足ひっぱり」という言葉があります。他人の足を引っ張っても、自分が偉くなったり、得することはありません。まさに悪い嫉妬心の典型です。これからは他人の幸せを自分の喜びと感じ、足ではなく手を引っ張る、広い「喜のこころ」で生きたいものです。法華経を生きるとは、そんなこころで生きる人のことです。

第37話　めでたさも

昨年暮れの三陸はるか沖地震。以来、お正月というのに毎日のように続く余震。なんとも不安な毎日です。小林一茶の句に、

めでたさも　中くらいなり　おらが春

という俳句がありますが、まさにそんな気分です。お釈迦さまは、私たち人間が生きてる限り避けられない苦しみとして、生《しょう》・老・病・死の四つを挙げました。生苦《しょうく》とは生きる苦しみ、老苦《ろうく》とは歳を取り老いる苦しみ、病苦《びょうく》とは病気の苦しみ、そして死苦《しく》とは死ぬという苦しみです。老・病・死が苦しみというのは分りますが、お釈迦さまは生、生きるということを苦しみと考えたのです。生きることは喜びであり幸せなことだと思っていたのに何故でしょうか？

生きているということは、常に老・病・死を恐れ、その老・病・死との闘いという苦です。老・病・死だけではありません。生きているが故に、愛する人との別れの悲しみ、嫌な人や出来事に遭う苦しみ、欲しいものが山ほどあるのに手に入らないという苦しみ、そして体の内から湧き出す煩悩《ぼんのう》

の苦しみ。そんな苦しみを耐えなければ生きられないのが私たちの人生。だから生きるということは決して楽しいことだけではなく、苦しいことを我慢することなのです。

昔、中国では赤ちゃんが生まれると「五《ご》香《こう》の儀式」ということを行ったそうです。生まれた赤ちゃんに、まずは酢、次に塩、苦い熊の肝、さらにチクチク痛いカギカズラの実、そして最後にアマ～イ砂糖を舐めさせたというのです。これは、「お前がこれから生きてゆく人生は、酢っぱくて、しょっぱくて、苦くて、痛い思いをしなくては甘い砂糖にはたどり着けない、厳しい世界。その厳しさに負けないで、しっかりと逞《たくま》しく生きろよ」という願いを込めた儀式だったそうです。生きているからいろんな苦しみにも出遭うのです。そう受け止めると不思議なことに、いろんな苦しみや心配事もあまり気にならなくなります。「めでたさは中くらい」が一番いいんです。今年も頑張りましょう！

第38話　仏教とは

お釈迦さまの教えの中に「家を破産させる六つの方法」という、変わった教えがあります。一番目は酒を飲んで不真面目になること。二番目は夜更かしをして遊び回ること。三番目は音楽や演劇、スポーツなどに夢中になり過ぎること。四番目は賭博、つまりバクチに溺れる事。五番目は悪い友達と交際すること。そして六番目は自分の仕事をサボることとです。いかがですか？2500年前のお釈迦さまの言葉とは思えない、現代にもそのまま当てはまる教えではないでしょうか。酒に溺れ、夜遊びをし、趣味や娯楽に走り、悪い友達と付き合い、仕事をサボる。今も昔も変わらない「家を破産させる方法」です。あなたの周りにも、こんな子どもでも知ってる当り前のことが守れず、家庭や仕事を破壊したという人はいませんか。

仏教というと、葬式とか法事といった死んだ人のための宗教と思われがちです。確かに、そう思われてもしょうがないお寺やお坊さんが多いです。しかし、本当の仏教とはそうではなかったのです。家族を持ち、仕事をし、生きて活動している、そんな人が幸せに生きるために説かれたのが仏教なのです。「家を破産させる六つの方法」もその一つの例です。そして「家を破産させる六つの方法」の逆の生き方が「家を繁栄させる六つの方法」になるのです。

不思議な縁でこの世に人として生まれ、不思議な縁で親になり、子になり、夫婦兄弟になり、同じ時代に同じ国に生きる私たち。たった一度しかない人生、たった一人しかいない自分。その私が幸せに生きるにはどうすればよいのか。そのためにはどう生きる事が正しい生き方なのか。「仏教」とは、お釈迦さまという仏さまが説いた教えであると同時に、私たちが「仏になるための教え」でもあるのです。「家を破産させる六つの方法」のように、生きた人間を幸せにすることができる教えだから、亡くなった方も救えるのです。生きてる自分の幸せのために、もっと仏教に親しんで下さい。

第39話　いい塩梅

「この世で一番美味しいものは何か？」徳川家康がお梶《かじ》の方に質問しました。しばらく考えていたお梶の方は「それは塩だと思います」と答えました。続いて家康は、「ではこの世で一番まずいものは何か？」と尋ねます。じっと考えていたお梶の方は、顔を上げて「それは塩だと思います」と答えました。美味しいのも塩、不味いのも塩というお梶の答えに、一瞬ムッとした家康。しかしよく考えると、どんな料理でも塩味が欠けていたら美味しくありません。逆にどんな料理でも塩っ辛くては食べられるものではありません。美味しいのも塩、不味いのも塩、家康はお梶の方になるほどと頷《うなず》いたといいます。

日本人にお馴染みの梅干し。その梅を漬ける時に大事なのが塩加減だといいます。そのため、「塩」と「梅」と書いて「塩梅《あんばい》」といい、そこから「好い塩梅」「好い加減」という言葉が生まれました。料理の塩加減同様、世の中の物事はすべてこの「塩梅」が大事なのです。

仕事が大事とはいえ、何でもかんでもガンバレガンバレでは疲れてしまいます。かといってダラダラ遊び半分の仕事もやる気がなくなるもの。働き過ぎの過労死も問題ですが、ぶらぶら遊んでばかりの生き方も問題。この両方が問題なのは、どちらも極端過ぎることです。そしてどちらも幸せな生き方ではないことです。

お釈迦さまは私たちが幸せに生きる生き方として、物事を極端に考えたり行うのではなく、ちょうど料理の塩加減のように、「好い加減」に生きる「中道《ちゅうどう》」という生き方を説かれました。「いい加減」とはでたらめなということではなく、「ちょうど好い加減」という意味です。お風呂の湯加減も熱いのが好きだからといっても100度の熱湯では入れません。温《ぬる》いのが好きといっても水のような温度では風邪をひきます。お湯にも「ちょうど好い加減」があるように、人生何事にも「好い加減」があり、それが「好い塩梅」になるのです。そのコツを掴むのが大事。お題目で「中道」を身につけて下さい。

第40話　水に流す

平成7年4月12日、沖縄で終戦50年沖縄戦没者慰霊宗門法要が日蓮宗管長導師のもと、全国から5000人の檀信徒が参加し、宗門挙げての大法要が行われます。青森県からも所長以下80名の檀信徒が参加し、ひめゆりの塔や青森県の戦没者を祀ったみちのくの塔に参拝します。みちのくの塔では慰霊の和讃《わさん》を奉唱《ほうしょう》することになっています。

以前、青森県青年の船（内閣府青年国際交流事業）の講師として韓国に行った時のことです。ガイドの韓国の女性が、今から400年前に豊臣秀吉が行った朝鮮出兵（文禄・慶長の役）のことを、まるで昨日のことのように怒りを込めて説明してくれました。そして、今でも加藤清正公への憎しみから、加藤さんという名前の日本人は韓国では嫌われるというのです。学校の歴史で学んだ遠い昔の出来事。日本人の私たちがとっくに忘れ、すっかり水に流してしまった過去。しかし韓国では、今でも多くの人々の胸の中で怒りの炎は燃え続けていることを知りました。
　日本人は昔から、都合の悪いことや嫌な出来事を水に流し、忘れ去ってしまうという習慣があります。小さな島国で、お互いに顔を突き合わせて生きなくてはならない日本人が培った、生きるための知恵なのでしょう。しかし、それは日本人だけの物の考え方。外国人は決してそうではないことを韓国で感じました。常に他国に侵略された経験からでしょう。中国や韓国では簡単に水に流してなどくれないのです。そして、恩や恨みは石に刻んで記憶を風化させないようにするといいます。

　ある学校の掲示板に「繰り返してはならぬものは、過失」という標語が貼られていました。戦争は二度とあってはなりません。日本で唯一戦場となった沖縄。兵士はもちろん、戦《いくさ》に関係のない多くの人々が犠牲になったあの戦争を、決して水に流してはなりません。沖縄での法要が多くの犠牲者の慰霊であると共に、平和への誓いであってほしいと願います。

第41話　心が表情に

アメリカ大統領に当選したリンカーンに、「ある人物を大臣にしてほしい」と推薦する支持者がいました。その人物は名門の出身で、お金も学歴も、また選挙の際の票も沢山もっているという、この上ない人物です。話を聞いたリンカーンは「では会ってみましょう」ということで面接が行われました。面接の終わったリンカーンに、駆けつけた推薦者が「どうでしたか?」と聞きます。リンカーンは「あなたの推薦なのでお会いし、ぜひ大臣にと思ったのですが、あの方を大臣にするわけにはいきません」という意外な返事。驚いた推薦者が「何がいけないのですか?」と尋ねると、リンカーンは「あの方の顔が気に入らない」と言うのです。ムッとした推薦者が「大統領ともあろうお方が、その人物を計るのに家柄や経歴ではなく、顔で判断するとはなにごとですか!」と食ってかかりました。

その時、リンカーンは次のように話しました。「彼の家柄や経歴はまったく申し分ありません。彼を大臣にすればきっと次の選挙は有利になると思います。しかし人間、見えない心が表情になり、表情がいつかその人の顔になるのです。私は彼の顔に、アメリカの未来を任せられない、そんな不安な何かを感じたのです。人間40歳までは親からもらった顔です。しかし40を過ぎたら、それはその人が作った顔です。人間40を過ぎたら、自分の顔に責任を持たなくてはなりません」と話したといいます。

心が表情となり、表情が顔を作る。40までは親からもらった顔。40過ぎたら自分の顔に責任を持て。なんとも厳しい言葉です。しかし、その通りです。法華経には「一念三千」という教えがあります。私たちの何気ない一瞬の心が、三千世界を作るという意味です。心が顔を、心が家庭や社会を、心が国や世界を作るというのです。その心を仏の心にするのがお題目です。

私たちは一生かかって自分の顔を作るのです。整形をするのではなく、美しい心が作る美しい顔を。お題目で美しくなりましょう。

第42話　杞憂

人間誰でも、将来に対して不安のない人はいません。こんなに変化や変動の激しい時代はなおさらです。自分の将来や仕事のこと、お金のこと、子どもや孫のこと、体や病気のこと、そして死んだ後のことまで。先のことを考えると不安にならない方が不思議なくらいです。体調が悪かったり、仕事の上で問題があるような時は一層不安が募ります。眠れぬ夜は、不安がさらに不安を呼び、まんじりともしないうちに夜が明けるということに。

仏教では「愚痴《ぐち》」を三大煩悩《ぼんのう》の一つに数えます。愚痴とは、過ぎ去った過去にこだわり、いまだ来《きた》らざる未来に囚われる心です。愚痴が煩悩なのは、過去や未来に囚われて、二度とない「いま」、つまり現在を疎かにするからです。「愚」とは愚かな心のことで、「痴」は正しい智慧《ちえ》が病むことです。

昔、中国の杞《き》の国に、天が崩れて落ちてくるのではないかと毎日毎日心配して暮らしていた人がいたそうです。そのことから、いらぬ心配をしたり、取り越し苦労をすることを杞の憂《うれ》いと書いて「杞憂《きゆう》」という言葉になりました。

晴れてよし　曇りてもよし　富士の山
　　　もとの姿は　変わらざりしを

という、幕末の三舟山岡鉄舟《やまおかてっしゅう》の歌があります。晴れようが曇ってようが、富士山はでーんと富士山だぞという歌です。天が落ちてこようが、ハルマゲドンがこようが、自分は自分。天候に動じない富士山のように、今やることを今やるだけ。先の心配をしたり、過去の失敗にこだわらず、自分は自分の道をしっかり歩くこと。世の中には心配してもどうしようもないことがあるもの。また「案ずるより産むが易し」ということもあるものです。無意味な心配や不安は、私たちの愚痴が作る「闇」です。闇は暗くて何も見えません。見えないから不安になるのです。そんな闇を破るのが「智慧」という灯りです。お題目を唱えて修行をすると、その智慧が授けられるのです。

第43話　超能力

世間を震撼させたオウム真理教。高学歴で頭のいい優秀な若者が、なんであんな宗教に入ったのかというと、空中に浮かんでいる麻原彰晃の写真を見て入信したというから驚きです。現代は「霊」と「術」、つまり死後の霊や超能力のような術を売り物にすると人が集まるというのです。オウム真理教はまさにそれです。

仏教にも修行をすると身につくといわれる「六通」とか「六神通」といわれる超能力があります。一番目は神足通《じんそくつう》といって水の上でも空中でも自由に歩くことができる力です。二番目は天眼通《てんげんつう》といって未来を見ることができる力。三番目は天耳通《てんにつう》といって普通の人に聞こえない音を聞くことができる力。四番目は他心通《たしんつう》といって他人の心を見通す力。五番目は宿命通《しゅくみょうつう》といって前世のことが分かる力。六番目は漏尽通《ろじんつう》といって煩悩《ぼんのう》を完全に取り去ることができる力のことです。ほんの30㎝空中に飛び跳ねただけで超能力だなどというのとは比較にならない神通力です。しかしお釈迦さまは、そんな神通力や超能力が信仰の目的ではなく、さして大事なことではないと述べているのです。そして「六通の聖者も無常の煙に消える」、つまり六神通を得た超能力者でも最後は死んじゃうよ、と言うのです。超能力があっても死んでしまうとすれば、その死をいかに迎え、そしてそのために今という時をいかに生きるか、それが信仰の一番大事なことだと説かれたのです。

　神さまの声が聞こえる、死者と話ができる、因縁だ、罪障だ、などと言って信仰を勧める人がいます。そんな話に惑わされて変な信仰に入る人がいますが、それはオウム真理教の若者と同じです。仏教とは、もっと知的で、ものの道理を大事にする宗教です。ものの道理とは「蒔《ま》かぬ種は生えぬ」「火のない所に煙は立たぬ」ということです。ものの道理から外れた信仰や考え方を、お釈迦さまは外道といって否定されました。オウム真理教を反面教師に、自分の信仰をもう一度見つめ直して下さい。

第44話　信は力

　隣りの韓国ソウルでデパートが崩れ、多くの死傷者が出るという事故がありました。その事故で、ビルの下敷きになりながらも九死に一生を得た人がいます。普通、人間が飲まず食わずで生きられる限界は8日間だといいます。ところが崔《チエ》さんという方は、何と11日目に助け出されました。崔さんは靴下に雨水を含ませて飲み、側の段ボールの箱をちぎって食べて生きたというのです。凄いですね。

　崔さんが凄いと思っていたら、何とそれから5日後、事故から17日も経って、朴《パク》さんという18歳の女性が奇跡の生還を果たしたのです。朴さんは崔さんと違い、飲まず食わずで生存限界の倍も生きながらえていたのです。事故当時、地下一階の売り場にいた朴さんは、先輩の女性店員と一緒に陥落。途中で頭を打ち、意識を失ったというのです。「助けて」という悲鳴で意識が戻りますが、あたりは真っ暗。側で先輩の声が聞こえ話を交わそうとするも、すぐに亡くなってしまったそうです。はじめのうちはコンクリートの壁を叩いたり、逃げようともがくがダメ。諦めて眠気に襲われたそんな彼女の夢に、時々お坊さんが現れたというのです。そして夢の中でお坊さんからリンゴをもらった時、「助かるのでは」と思ったそうです。その翌日、「コン」という音と同時に人の話し声が聞こえ、やがてわずかな光と共に救助隊に助け出されたというのです。担架で運ばれた彼女の右手首には、黄色い数珠がしっかりはめられていたといいます。飲まず食わずで17日間も生き抜いた朴さんの生命力に驚くと共に、それを可能にした朴さんの仏さまへの強い信仰に感動しました。「信は力なり」といいますが、本当にそうなんだと思います。ひるがえって、私たちは人生の極限状況の中で、朴さんのような生きる支えや力になるほどの強い信仰をしているでしょうか？苦しい時の神頼み、ご都合主義の安易な信仰では、とても仏さまも助けてはくれないのではないでしょうか。

第45話　天眼を

50年という長い間布教活動をされたお釈迦さまには、たくさんのお弟子さんがいました。中でも有名なのは十大弟子といわれる十人の高弟です。それぞれユニークな才能を持った凄い方ばかり。コンピューター顔負けの頭脳の持ち主の舎利弗《しゃりほつ》さん。麻原彰晃など足もとにも及ばない神通力の持ち主の目連《もくれん》さん。何ヶ国語も自由に話せてお説教をさせたらこの人の右に出る者はないといわれる富樓那《ふるな》さんなど。

そうしたすごいお弟子さんの中に、三千世界のあらゆることを見通すことができるという「天眼」の持ち主の阿那律《あなりつ》さんという方がいます。阿那律さんはお釈迦さまの従兄弟《いとこ》でカピラ城の王子なのですが、お釈迦さまのお弟子になった方です。ところが事もあろうに、阿那律さんはお釈迦さまの前で修行中に居眠りをしてしまい、お釈迦さまに叱られたという経歴の持ち主です。よくお説教が始まると居眠りをする人がいますが、お釈迦さまの十大弟子の中にもそんな方がいたかと思うと、なんとなく気が楽になりますね。

　ところが、ここからが阿那律さんの凄いところなのです。居眠りをお釈迦さまに注意された阿那律さんは、今後一切眠らないという誓いを立てるのです。眠らず修行に励んだ阿那律さんは、そのために目を悪くします。お釈迦さまの命《めい》で耆婆《ぎば》仙人という名医が治療に当たるのですが、なにせ眠らないのではどんな薬も治療もどうすることもできません。とうとう肉眼が破れて盲目になってしまいます。しかし肉眼を失ったことにより、阿那律さんは深い禅定《ぜんじょう》を得て、肉眼では見ることのできない三千世界のあらゆることを見る天眼という目を得、十大弟子の一人になったというのです。

　唱題行をしましょうと誘うのですが、いろんな理由をつけてなかなか足を運ぶ人はいません。要は家のテレビの前で「楽」をしたいからなのでしょう。でも「楽」をして仏にはなれません。阿那律さんを見習いましょう。

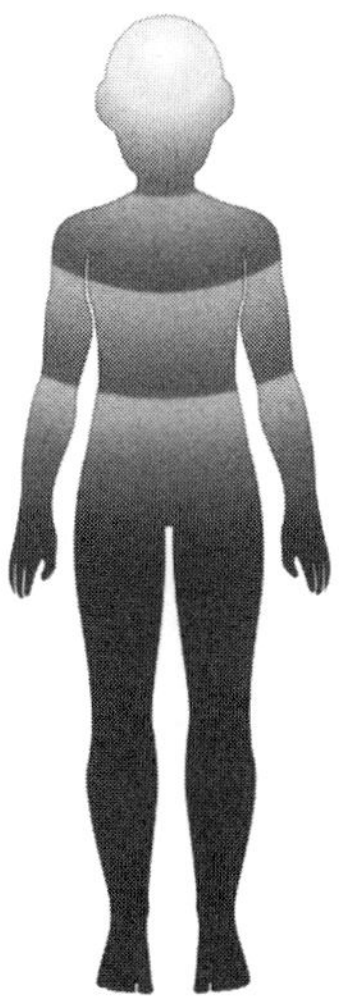

第46話　はたらく

仕事や働くというと、私たちは家族のためや生活のため、要はお金のために、どちらかというとイヤイヤしょうがなく働いているというのが正直なところではないでしょうか。イヤな仕事…だから、できるだけ体を使わず、楽をして得したい。そんな虫のいいことを考えている私たち。しかし「働く」という字は、人偏に動くと書きます。「働く」とは人が動くこと、つまり、手や足や体を動かし汗を流して仕事をすることで、それが「働く」という字になるのです。

中には口だけ動かす手抜きの人もいるようですが…。

ちなみに人が動かなくなったらどうなるでしょう。動かない人とは棺桶に入った人、つまり死人です。死人が動いたら大変です。だから「働く」ということは生きていることの証しであり、人は生きてる限り動かなければダメなのです。「働く」という動くことを嫌う人は、ひょっとすると動かない人に近づいているのかもしれません。気をつけたいものです。

また私たちは、自分や家族が楽になるようにと思って、仕事をしたり働いたりします。それも働くことの大事な要素です。しかし「はたらく」とは、「自分楽」ではないのです。「はたらく」とは「端《はた》の人を楽にする」こと。自分の働きによって、端の人を楽にするのが「はた楽」です。仕事は8時間で終わります。給料も8時間分しか支払われません。それが仕事です。「自分楽」のための仕事なのだから、給料分働くのは当り前のことです。問題はその仕事が終わった後、翌日のための準備や片づけをしておく。これは給料外の仕事です。だからやってもやらなくても給料には関係ありません。大事なのは「はたを楽にさせよう」というちょっとした心遣いです。それが「はた楽」です。仕事ではないから給料にはなりませんが、「はた楽」の人には人間としての品格が生まれ、必ず仏さまからのご褒美があるものです。「自分楽」から「はた楽」ために、ほんの一寸の時間と体を動かしてみて下さい。きっと人生が変わりますよ。

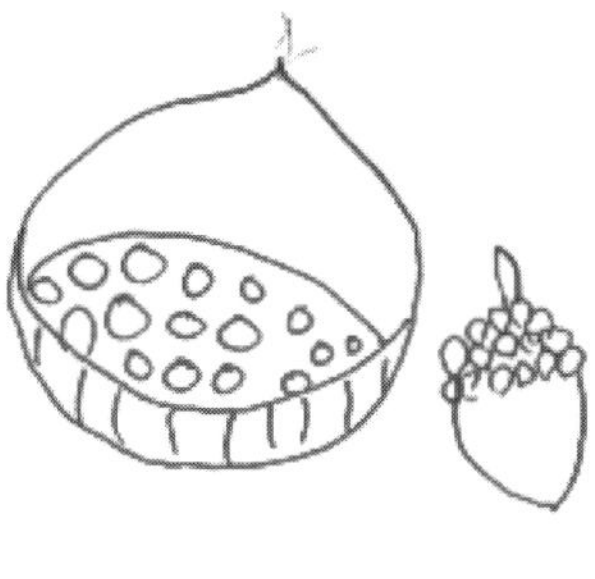

第47話　鏡

自分の過ちにはなかなか気づかないものです。何事も自分に都合のいいようにしか考えない、とても自分勝手な生きもの、それが私たち人間ではないでしょうか。

以前、子どものことで相談があるという方が突然、家族や親戚7～8人で訪ねてきました。本堂でお話を聞くと、子どもが窃盗をして捕まり、留置場に入れられたというのです。そしてその家族の相談とは、子どもが窃盗したのはきっと何か障りもののせい。その障りものを調べてほしいというのです。こんな時代に、こうした考えの人がいることに驚くと共に、呆れてしまいました。子どもの年齢を聞くと20歳を越えた立派な大人。隣りの家に来た車の中から集金したお金の入ったカバンを盗み、逮捕されたというのです。私は「身内のあなたたちが障りもののせいにしたい気持ちは分かります。しかし悪いのは本人であり、そんな子に育てた皆さんです。それを障りもののせいにするのはとんでもないこと。子どもの犯した罪を懺悔《さんげ》し、二度と過ちを犯さないと誓い、その上で少しでも刑が軽くなるようにという祈りならお受けしますが、何の罪もない障りもののせいにする祈りはできません。それでは犯した罪も消えず、本人のためになりません」と断りました。答えが気に入らなかったのか、すぐに帰ってしまいました。

ユダヤには「人は転ぶと坂のせいにする。坂がなければ石のせいにする。石がなければ靴のせいにする。人はなかなか自分のせいにはしない」という格言があるそうです。人間とは本当に身勝手な生きもの。自分の都合で物事の正邪善悪さえ変えてしまいます。これでは正しい判断などできません。正しい判断ができなければ、いつまでたっても問題は解決せず、当然幸せにはなれません。信仰とは、そんな身勝手な自分を仏さまや法華経という鏡に映し、自分の間違いを確認し、自分を正すことなのです。一番見えにくい自分を、法華経の鏡に映して見る。そんな時間を大切したいものです。

第48話　言葉

先日《ことばは文化だ》というテレビを観ました。長年外国で暮らしているという音楽家の彼女は、英語もドイツ語も自由に話せます。その方が言葉というものを通して、日本と外国の文化の違いを次のように話しました。

外国では、言葉は「戦いの武器」といわれ、相手にこちらの意思を伝え、理解させるための道具だというのです。だから、白は白、黒は黒とできるだけはっきり伝える言語が多いというのです。一方日本の言葉は、なるべく相手と争ったり傷つけたりしないためのもので、そのために曖昧な表現の言葉が多い、というのです。文化の違いが言葉になるというお話、とても面白いと思いました。

「言葉は文化」ということは、使う言葉に人柄が表れるということでもあります。そういえば、お役所や政治家がよく使う「善処します」とか「前向きに検討します」という言葉。それは曖昧というより誤魔化しであり、使う人間のずるさが出ている言葉です。そしてこの曖昧な言葉の行きつくところが「沈黙は金《きん》」です。

　言うべきことは、はっきり言うべきです。しかしだからといって、その言葉で相手を傷つけたり悲しませるのは意地悪な人間のすることです。人間関係は言葉一つで良くも悪くもなるもの。この難しい言葉を適切に使い、言葉によって人を活かし、幸せに導き、自分自身を尊くする人を仏さまと呼ぶのです。

　言葉が文化であり、その人の人柄や品格の表れだとすると、「どうぞ」「召し上がれ」「美味しい」を「カ」「ケ」「メ」と話す津軽弁は、どうもあまり文化的とはいえないかもしれません。

　お釈迦さまは愛情のこもった優しい言葉を「愛語《あいご》」と説き、日蓮聖人は「災いは口より出でて身を破る」と戒《いまし》められました。言葉とは難しいもの。ましてその言葉に人格や品格が表れるのだとすると、使う言葉にもっと気をつけなくてはと思います。実は信仰とは、そういうことを大事にする生き方のことなのです。

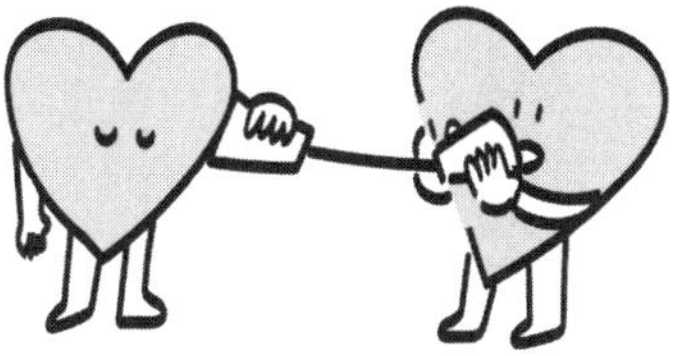

第49話　生き残り

先日ある席で、戦時中に中国へ出征し、戦後捕虜としてシベリアに抑留されたという方のお話を聞く機会がありました。沢山の戦友が目の前でバタバタ死んでいく中、その方は九死に一生を得て帰国しました。しかし彼は、生き残ったという事より、戦友に死に遅れたという悔いの念の方が強く、生き残った喜びより死に損なって生きている自分を恥じる思いで、戦後の50年を生きてきたというのです。そして仏さまに向かうたびに、「すまない」というお詫びの気持ちで戦友に祈りを捧げてきたというのです。

そんな彼が最近、ふと次のことに気づきました。それは「自分がこうして生き残っているのは、きっと先立った戦友を思い出し、追善の祈りを捧げるためなのではないか。戦友の中にはまったく身寄りのない人もいる。自分がその戦友を祈ってやらなければ、彼らは成仏できないのではないか。生き残った自分には生き残る理由、つまり先立った戦友たちの冥福を祈るという役目があったのでは」と思うようになったというのです。そして「そう思いついた時、自分の生きている目的がはっきりし、それまでの死に損なったことを恥じる気持ちが消えて、生きてることがとても意義深くなりました」と話してくれました。

生き残った者には、生き残った理由と務めがある。それは先立った人を思い出し、その人の冥福を祈ってあげることだという彼の言葉にとても感動しました。本来、お葬式とか法事などの追善供養は、生き残った者が先立たれた方のために行う感謝や追慕、追善の祈りなのです。それは亡くなった方に縁のある、生き残った者がやらないではいられない祈りの行為で、イヤイヤブツブツ文句を言って行うものでも、人に言われて行うものでもないのです。

生き残った者の役目として、亡くなった方のために行う追善の祈りや供養。それが本来の供養の在り方です。そういう心で祈る祈りだからこそ、尊い祈りになるのだと思います。

第50話　夫婦茶碗

夫婦は人間関係の中でもっとも基本となる関係です。それだけに、夫婦の在り方は幸せにとても重要です。それぞれが良い夫、良い妻でなくてはなりません。しかし長年連れ添うと、お互い狎《な》れ合い、言葉も交わさなくなり、いつしか憎しみ合うことにさえなります。「理想の夫・十一ヶ条」なるものを発見しました。

一つ、ニコニコしていながら締まりのある夫。二つ、仕事を楽しみ、家庭の和楽を計る夫。三つ、言い出さぬうちから妻の心を察する夫。四つ、生活に不安を与えない夫。五つ、男らしく同情心に富んだ夫。六つ、快活で気品の高い夫。七つ、何となく大きな感じのする夫。八つ、親に孝行で目下に親切な夫。九つ、時代の進歩と共に進む夫。十、無断で外泊しない夫。十一、慈悲と真心を持っている夫。

次は「理想の妻・十一ケ条」です。一つ、夫の好き嫌いを早く飲み込む妻。二つ、快活で愛嬌たっぷりな妻。三つ、従順で優しい上品な妻。四つ、どことなく初々しい感じのする妻。五つ、家政と料理が上手でヌカ味噌臭くない妻。六つ、機転が利いて利口ぶらない妻。七つ、何事にも理解と同情をしようとする妻。八つ、働き者でこせつかない妻。九つ、話し上手、聞き上手な妻。十、飾り気がなく身だしなみの良い妻。十一、世の中に遅れぬよう修養に努める妻。

以上が理想の夫婦の十一ヶ条です。実はこの十一ヶ条、観光地のお土産屋さんで売っていた夫婦茶碗に書かれていた言葉です。何だそんなものか、と笑わないで下さい。本来仏教が目指した境地とは、高邁《こうまい》で難解な抹香《まっこう》臭い境地ではなく、この十一ヶ条のように夫婦が円満に暮らすにはどうしたらよいかといった、身近な生き方の智慧《ちえ》だったはずです。それを難しくしたのはお坊さんたちです。簡単なようで、なかなか実践できない十一ヶ条。だからこそ自分を見つめ、自分の「我《が》」を取り去るための信仰と修行が大事なのです。

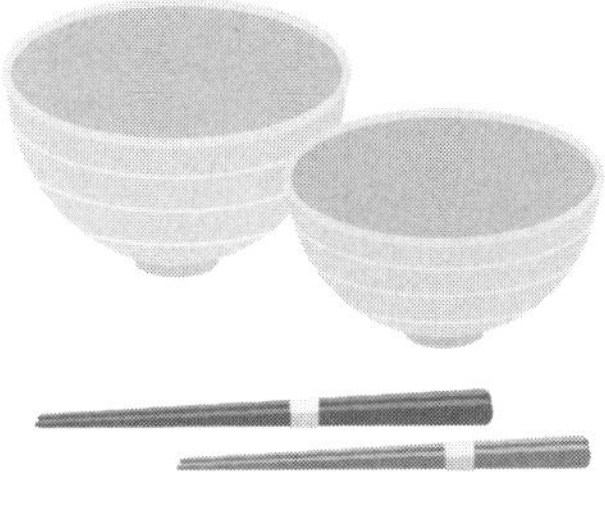

第三章

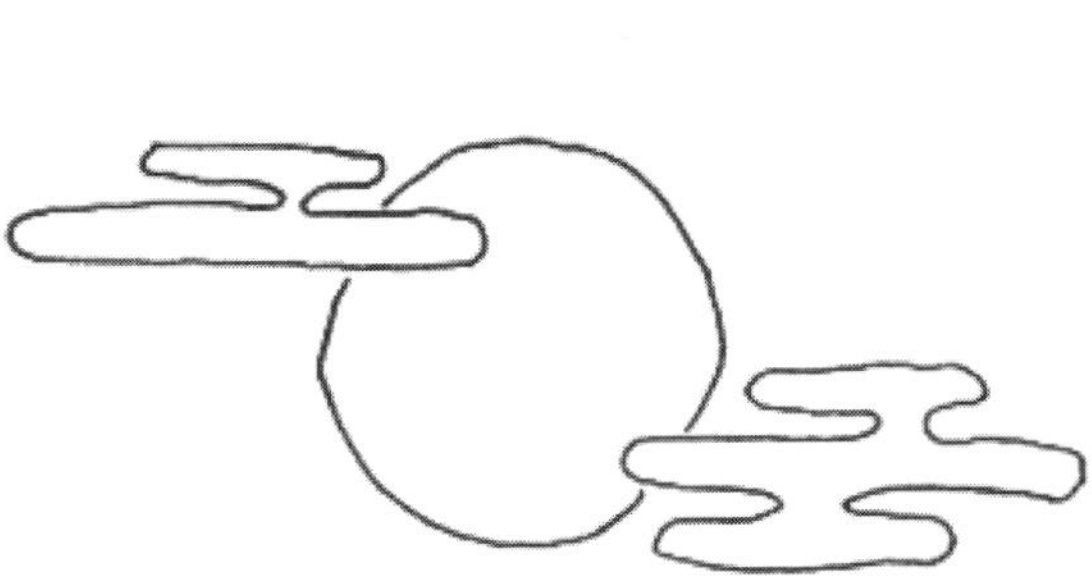

第51話　見聞触知

日蓮宗の檀信徒が最初に覚えるお経は、いわゆる「無上甚深《むじょうじんじん》」ではないでしょうか。この「無上甚深」、正式には「開経偈《かいきょうげ》」といい、お経を開く前に読む偈文《げもん》（ことば）で、実はお経ではありません。これから読む法華経にはこんな意味があり、これを受持することは大変な功徳がありますという、お経を頂くことの意義が書かれた言葉です。

その中に「見聞触知《けんもんそくち》、皆菩提《みなぼだい》に近づく」という一節があります。「見」とは見ること、「聞」とは聞くこと、「触」とは触れること、「知」とは認識すること。つまり、私たちが見たり聞いたり触れたり知ることの全てが、みんな菩提という悟りの世界に近づくための、仏さまからの教えなのだというのです。

小野道風《おののどうふう》は、柳に飛びつく蛙を見て一念発起し、リンゴの落ちるのを見たニュートンは万有引力の法則を発見しました。見る、聞く、触れる、知るということの中に、どれほど多くの教えが潜んでいることか。なのに私たちは、そんな仏さまのメッセージに気づかずに生きてはいないでしょうか。

心が虚ろだと、見れども見えず、聞けども聞こえず、触れても学んでも気がつかないのです。「雨にも負けず」で有名な宮澤賢治は、18歳の時に法華経を読んで雷に打たれるような感動を受けました。以来、賢治は熱心な法華経の信仰者となり、その信仰を童話や詩に表現。37歳の短い人生を「デクノボー」という法華経の菩薩として生きました。

天才とはいえ、賢治はたった18歳の高校生でした。ところで毎日「無上甚深」を唱え、法華経を読んでいる私たち。果たして賢治のような心で法華経を見たり、読んだり、触れたりしているでしょうか。法華経をただの文字として、そしてそれをただ読むだけなのでは？ お経に限らず、私たちが人生で出会ういろんな物事は、全て私たちが仏になるための仏さまからのメッセージです。もっともっと目や耳、そして心を澄まし、人生のいろんな出来事を謙虚に受け止めるという生き方をしたいものです。

第52話　まねる

ネズミを迷路のような箱に入れ、電灯で指示する道を行くとエサにありつけるという訓練を行うと、約3週間で電灯とエサの関係を覚えるそうです。ところが、その関係を覚えた先輩ネズミの真似をする新人ネズミは、何とたったの10日間で電灯とエサの関係を覚えてしまうという実験がありました。

「まねる」という言葉から「学ぶ」という言葉が生まれたという話を聞いたことがあります。そういえば、私たちは親や兄弟、友達の「真似」をすることを通して、いろんなことを身に付けたり学んだりして成長します。「真似る」は「学び」の基本であり、また上達の近道で、人間にとってとても大切な行為だといわれています。

仏さまに向かい、南無妙法蓮華経とお題目を唱える私たちの信仰。実は、これは仏さまの真似をしていることなのです。両手を合わせる合掌の姿は仏さまの姿。唱えるお題目は仏さまの言葉。そして祈る心は仏さまの心。信仰とは、仏さまのお姿を、仏さまのお言葉を、仏さまのお心を「真似る」

ことであり、「真似る」ことを通して仏さまが得られた安らぎや幸せの境地に近づくことなのです。お経はそのための手順や方法、心の持ち方や生き方などが説かれた指導書なのです。

当山が毎年夏に行っている小・中学生を対象にした二泊三日の「海辺のつどい」。子どもたちに仏さまの教えを伝えるだけでなく、仏さまの「真似」をしてもらい、仏さまの子どもとして3日間を過ごすことを約束にしています。普段突っ張っている子や反抗的な子も、「つどい」ではなぜかとっても明るい、笑顔の素敵な素直な子になります。それは仏の子を「真似る」ことで自分が変わるのが、自分でも嬉しいからなのだと思います。仏さまに向かい、合掌してお題目を唱えるという私たちの信仰は、お金や病気を治すためではありません。仏の真似をすることで、凡夫《ぼんぷ》の私たちがその身そのまま仏になり、仏として生きることなのです。仏の真似を大切に。

第53話　自惚れ

人間はどんな人でも自尊心をもっています。その自尊心を傷つけられたり無視されると、とても不快になり怒ります。逆に自尊心をくすぐられると嬉しくなります。それが人間というものです。夫婦や親子に限らず、あらゆる人間関係を円滑に行おうと思ったら、相手の自尊心への配慮こそが秘訣だといえます。

これほど大事な自尊心。しかし、この自尊心も一歩間違うと自惚《うぬぼ》れという心になるから怖いです。日蓮聖人は「仏になる道には、我慢・偏執《へんしゅう》の心なく、南無妙法蓮華経と唱え奉《たてまつ》るべきものなり」と説かれました。「我慢」という仏教用語は、現在私たちが使っている忍耐強いという意味ではなく、自分が一番偉いとか物知りだという自惚れの心です。「偏執」とは偏ったものの考え方のこと。日蓮聖人は、「仏になろうと思ったら、自惚れと偏りの心を捨て、そして素直な心でお題目を唱えなさい」と言うのです。

我慢という自惚れの心は、ちょうど水が

いっぱい入ったコップのようなもの。いっぱいだから、新しい水を入れようとしても水は溢れて入りません。幸せになろうと思ったら、まずこの自惚れという水を捨て、コップを空にすることです。偏りの心も同じです。偏りとはサングラスを掛けて物事を見ること。それでは物事はサングラスの色に偏って見えてしまいます。正しく物事を見るには、一度サングラスを外すことです。

　お勤めや修行の時、一番最初に行うのが礼拝《らいはい》です。これは懺悔《さんげ》の礼拝といい、自惚れでいっぱいのコップを空にし、偏りのサングラスを外す修行です。仏さまの心を頂くには、まず自惚れの入ったコップを空にし、心のサングラスを外さなければなりません。そして、素直で柔らかな心になってお題目を唱えるのです。仏さまの心は空っぽのコップに、正しい智慧《ちえ》は偏りのない心に頂けるのです。自尊心と共に我慢・偏執がいっぱいの私たち。この我慢と偏執を取り除くための礼拝行を大事にしたいものです。

第54話　掃除

東京の浜松町から羽田空港へのモノレールの中でのことです。私の座ったすぐ側に、四人組のサラリーマンが座りました。30代そこそこの若い会社員たちです。どうもその中の二人が本社の人間で、他の二人は支店の人らしく、支店を視察した本社の二人が支店の代表と思われる二人に活を入れているのです。

「あの工場の汚れ具合はなんだ、ろくに掃除もしてないじゃないか。受付の挨拶もなってない。机の上もまったく整理整頓ができてない。あんなことを見過ごして、それでいい仕事ができると思ってるのか！」と、コテンパンに叱られているのです。支店の二人はハイハイと頭を下げるだけ。「俺たち本社の人間には、正直いってお前たち支店の人間は分からない。きっと真面目でいい奴なのだと思う。しかし、そういうとは俺たちには見えないし分からない。見えないから、見える掃除や机の上の整理整頓、挨拶の言葉や態度といったことでお前たちを判断し、評価するのだ。書類の間違いとか頭がいいとか悪いといったことは大したことじゃない。それより大事なのは、自分の職場の掃除や机の上の整理、挨拶といった分かることで、まず俺たちを納得させることが大事じゃないか。会社はそうしたことでお前たちを評価したり判断するのだから、しっかりしろよ」と叱咤激励しているのです。気の毒でしたが、素晴らしい勉強をさせてもらいました。見えない心が、掃除や挨拶、整理整頓という見える現象になり、それによって人は評価・判断されるということに。法華経には、「一念三千」という「心が現象になり、あらゆる現象は心の表れである」という教えがあります。若いサラリーマンの世界に、今もその教えが現実に生きていることに驚くと同時に、怖さも感じました。掃除で、挨拶で、机の上の様子で人間が評価・判断されるのです。私たちが何気なく使っている言葉や行動。それによってあなたという人間が評価・判断されるのです。言葉や行動、いやそれ以上に心を磨かなくては。

第55話　代受苦

「祈りのない宗教は味も香りもない料理のようなもの」と言った方がいます。人間は強いようで弱い生きものです。それだけに神仏へ祈るという「祈り」はとても大事なものです。とはいえ、問題はその「祈り」の中身であり、祈り方です。「苦しい時の神頼み」という言葉がありますが、自分が苦しい時や困った時だけ神仏に祈るというのはいかがなものでしょう。

法華経の詩人といわれる宮澤賢治は、昭和6年東京で病気になり、危篤状態になりました。幸い一命を取り留め、故郷に帰った療養中の賢治の耳に、妹・クニ夫妻の子どもで3歳になる姪のフジちゃんが熱と咳に苦しみ、夜通し泣いている声が聞こえてきます。

フジちゃんは、賢治が「朝顔を作り菊を作れば、あの子もいっしょに水をやり、時にはツボミある枝を切ったり」して、とても賢治になついていました。東京から帰った賢治を「あの子は門に立って笑って迎え、またはしごから〈お久ぶりでごあんす〉と声をたえだえ叫び」迎えてくれたというのです。転んでも泣かないそのフジちゃんが、熱と咳に苦しんで泣いている声に起こされた賢治は、自分が病気であるのも忘れて、大梵天王《だいぼんてんのう》に直訴を企て、真夜中に寝床で直立し、合掌してお題目を唱えると、「ただ、かの病、かの苦痛をば、私にうつし賜わらんことを」と、ひたすら祈りを捧げたということが『十月二十日』という賢治の詩に書かれています。

「ただ、かの病、かの苦痛をば、私にうつし賜わらんこと」をという祈り。それは他人の苦しみを自分が代わって受けますという祈りです。それを代受苦《だいじゅく》といい、菩薩の祈りといいます。「祈り」といっても、こんな凄い、そして美しい祈りもあるのですね。自身の幸せなど、自分のことばかり祈りたがる私たち。時には賢治のように、他人の苦しみを私が代わって受けますという代受苦の祈り、いや、せめて他人の幸せを祈り、神仏に頼むためでなく感謝を捧げる、そんな菩薩の祈りをしたいものです。

第56話　輝幸君

19歳の若さで輝幸君は亡くなりました。輝幸とは、幸せに輝くような人にとご両親が付けた名前です。しかし彼の人生は、その名前とは裏腹に、とても苦しく辛いものでした。3歳のとき高熱の出る病気になった彼は、その後遺症で言葉を発することができず、知能も遅れ、全身が不自由になって車椅子の生活になりました。以来16年間、両親は誠心誠意彼の介護に尽くされました。昨年からはたびたび呼吸が止まるようになり、その都度もう二度と回復しないのではと不安を感じながら過ごされたそうです。そして、とうとう輝幸君が亡くなったのです。

お通夜《つや》の説教で、私は次のような話をしました。重い障害で話すことも、自分で動くこともできず、家族に負担をかけ、苦しんで生きた輝幸君。そんな彼の人生にはどんな意味があったのか。他人の世話で生きた輝幸君は、人間としてどんな価値があったのだろうか、と。言葉のできない輝幸君は、喜びや悲しみを目や顔の表情、時には全身で表現したそうです。私たちが気にもかけずに行っている呼吸も、彼にとってはその一回一回が命がけ。彼は人生の一瞬一瞬を全力で、命がけで生きたのです。そんな輝幸君と過ごしたご両親も、一日を、一瞬を、まさに一期一会の思いで過ごされたそうです。たった19年しか生きることがでなかった輝幸君ですが、その人生の密度と輝きは、漫然と生きる１００年よりもずっとずっと濃いものだったのではないでしょうか。

いのちの儚《はかな》さと共に、その儚さ故に生きることの尊さ、そして今という瞬間、ここという場所に生きていることの有り難さと大切さを、輝幸君は短く辛い人生を通して私たちに教えて逝ったのです。土地や財産ではなく、それよりもっと大事ないのち、そして生きるということの尊さという財産を私たちに残してくれた輝幸君は、実は仏さまが私たちに遣わした仏の子だったのではないだろうか、と話しました。19年の人生を輝いて生きた輝幸君に学びたいものです。

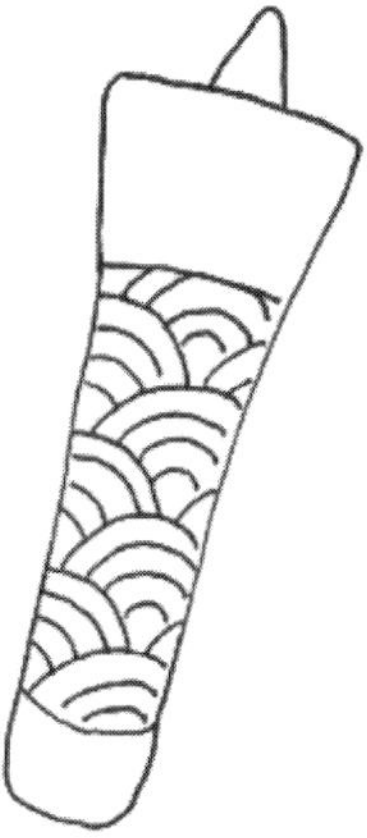

第57話　隣の蔵

「隣りに蔵建ちゃ、わしゃ腹が立つ」という諺《ことわざ》があります。隣りに蔵が建とうが建つまいが、自分には何の関係もないはず。なのに、なぜか癪《しゃく》に障って腹が立つというのです。人間の狭くて醜い心を表現した諺です。人間とは自分が幸せなだけでは不十分で、他人が不幸になってはじめて幸せを実感するという、実にいやな生きものなのです。ユダヤには次のようなお話がありま す。パン屋を経営する信仰熱心な男が、毎日神さまにお祈りを捧げました。その甲斐あって、ある日その男の前に神さまが姿を現し、男の願いをなんでも一つだけ叶えてくれるというのです。大喜びした男が早速願い事をしようとすると、神さまは一つ条件があると言いました。その条件とは、男に願いが叶えられた時、その男の向かいでやはりパン屋を経営するライバルの主人に、男と同じ願い事が倍になって届くというのです。つまり男に一万円が届くと、ライバルの主人に一万円の倍の二万円が届くというのです。男は考えに考えた末、「神さま、どうか私の目を片方だけ潰してください」と祈ったというのです。お分かりになりますか？　願い通りに男の目が一つ潰れると、向かいの店の主人の目は二つ、つまり両方潰れてしまいます。当然パン屋ができなくなり、男の店は大繁盛ということになります。賢いといえば確かに賢い願いです。しかし何か人間の持つ、うす汚くて醜い心が感じられてなりません。

いろんな事件や犯罪のニュースを目にするたびに、そんな人間の欲の深さや愚かさ、そして醜さや汚さを感じた、そんな一年でした。自己中心的な欲望や歪んだ感情が野放しになった人間は、動物以下に愚かで醜く、そして恐ろしい生きものです。日蓮聖人は「蔵の財《たから》よりも身の財すぐれたり。身の財より心の財第一なり」と説かれました。蔵の宝は大事です。だからこそ、隣りに建った蔵に拍手を送り、自分の倍の幸せが届くライバルの幸せを喜べる、そんな大きくてきれいな心の宝を大切にしたいものです。

第58話　徳行を

田中日淳《にちじゅん》日蓮宗管長さんが、日蓮宗新聞の新年特集号で「法華経の信仰者は、徳を積んでください」と呼びかけられました。

信仰には信行と徳行という二つの修行があります。信行とは、お経を読んだりお寺参りをしたり、法事やお墓参りといった、いわゆる宗教的な行為です。一方の徳行とは、困った人を助けたり社会のために善事善行を行うといった道徳的な行為です。普通、管長さんのご挨拶というと、信仰のすすめとか世界の平和や人類の救済といった、きれいごとや宗教的なことが多いものです。田中管長さんは「徳を積む」という、道徳的修行の実践を呼び掛けられたのです。中には「一宗の管長らしくない」とか、「信行ではなく道徳の実践を勧めるとは」と批判する人もいると思います。

大分前に茅誠司《かやせいじ》東大総長が、卒業式で「小さな親切の実践を」と卒業生に呼びかけたことがありました。天下の東大総長が、天下の東大卒業生に、「天下国家を説くならいざ知らず、小さな親切など」と大変な非難を浴びました。中には「小さな親切、大きな迷惑」とチャカす人も。

ところで近年、政府の高級官僚による汚職や不正が社会問題に。官僚のほとんどは東大卒の超エリート。その大半は真面目で優秀な人物なのでしょう。その中で汚職や不正を行った官僚は、きっと小さな親切などと鼻で笑っていた人ではないでしょうか。小さな親切もできない人間に、天下国家を論ずる資格はないのです。

信仰の世界でも「一天四海皆帰妙法《いってんしかいかいきみょうほう》」と声高に叫ぶ人がいます。自分に身近な人への徳行もしないで。またお題目を唱え、お経も達者なのに、他人の悪口ばかり言って嫌われる人。田中管長さんはそんな私たちに、法華経の信仰者は、まず「徳を積め」と呼びかけられたのです。家庭や職場、地域という身近な中での徳行もできない人に一天四海皆帰妙法も世界平和も無理。

身近な人への徳行を大切にする、そんな信仰をしましょう。

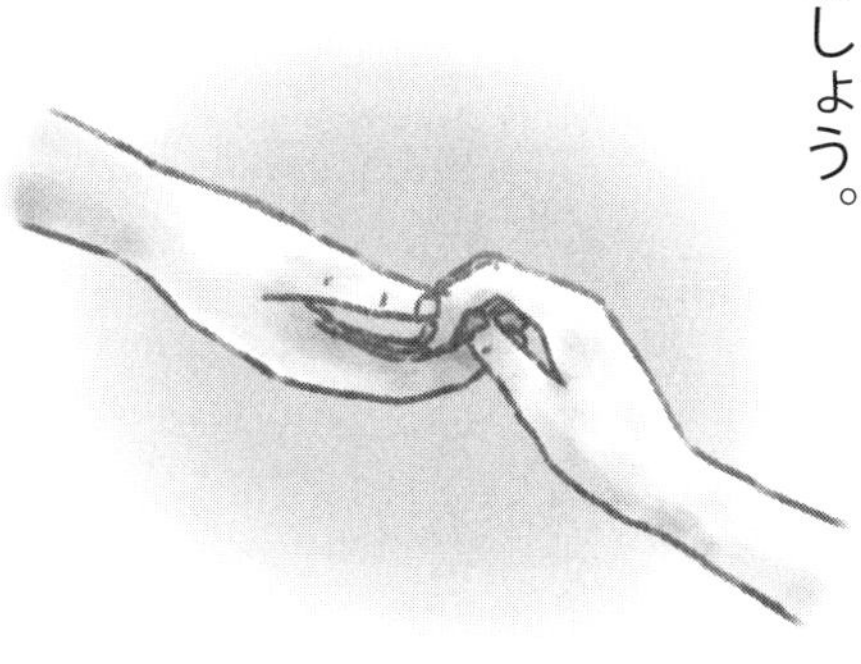

第59話　笑う門に

笑うという行為は、人間だけが持っているとても高度な能力だといいます。確かに犬や猫は笑わないし、笑ったように見える馬もそう見えるだけで笑わないそうです。頭がいいといわれる猿も笑う事はできないということです。

人間なら誰にもできる笑いなのに、その笑いができない人もいます。以前、ある町の保健所の依頼で、高血圧後遺症の方たちにお話をしたことがあります。高血圧で倒れ、その後遺症で身体に障害のある方たちにリハビリえの意欲や生きる勇気を与える話をしてほしいというのです。会場は体育館のような場所で、床一面にマットが敷かれ、そこにストレッチャーで運ばれた患者さんは横になり、車椅子の方は看護師さんに付き添われて話を聞くというもの。随分あっちこっち講演に歩きましたが、初めての経験でした。約一時間半の講演を終えて気がついたことは、悲しい話には涙を流したり、大きな声で泣く彼らなのに、どんなに面白い話やおかしな話をしても、決して笑わないのです。いや笑えないのです。そんな彼らの姿を見て、笑うという行為は泣くという行為よりもっと大きなエネルギーが必要なのだと知りました。

そういえば、テレビで紹介される双子の長寿者キンさんギンさんを筆頭に、１００歳の長寿の方たちは実によく笑います。しかも見ているこちらまで楽しくなるような、素敵で可愛らしい笑顔をしています。病気になると人は笑えなくなり、長寿の方はよく笑うというのを見ると、笑いが健康や長寿の重要な要素に思えます。世の中、とても笑ってなどいられない時代です。とはいえ、しかめっ面や泣きっ面をしていると命が縮みます。昔からいわれる「笑う門には福来たる」という諺《ことわざ》は、福が来てから笑うのではなく、笑って暮らしているから福が舞い込むのです。長寿や幸せを呼ぶ笑顔。お題目を唱えると、不思議なことに心の中のこだわりやわだかまりが消えて、心が明るくなり、笑顔と生きる勇気と幸せが湧いてきます。

第60話　本末転倒

人間とは利口そうでいながら、意外と愚かな生きものです。江戸時代の笑い話に、次のような話があります。

寒い冬の夜、お手洗いに行きたくなった男がいました。昔はお手洗いが外にあり、男は外まで行くのが億劫で、縁側の雨戸を開けて、そこで用をたそうと考えました。ところが、いくら開けようとしても雨戸はビクともしません。寒さのために雨戸の敷居が凍ってしまったのです。おしっこは出そうだし雨戸は開かないしで、男は困ってしまいます。その時、男に妙案が閃きます。「雨戸を開けるには、凍っている敷居の氷が溶ければいい。幸い自分はおしっこがしたい。おしっこは温かいから、氷を溶かすことができるはず」。早速、彼は凍った敷居に思い切りおしっこをかけます。すると男の目論見通り、敷居の氷は見事に溶けて、さしもの雨戸もスルスルと開きました。開いた雨戸から夜の闇を見つめて男は考えました。「いったい自分は何のために雨戸を開けたのか」と。

おしっこをするために雨戸を開ける。つまりおしっこをするのが目的で、雨戸を開けるのはそのための手段。ところが、その雨戸を開けるためにおしっこをしてしまった男は、雨戸は開けたものの肝心のおしっこをするという目的を失ってしまったのです。なんとも滑稽な結果になった、という話です。

家族が幸せに暮らすために一所懸命働いている私たち。つまり目的は幸せに暮らすことで、仕事はそのための手段のはず。それなのに、いつの間にか仕事そのものが目的になり、家族も幸せもそっちのけ。仕事仕事で体も心もボロボロになり、そして家族の心も絆もバラバラに…、ということがよくあるものです。同様に、幸せという目的のために必要なお金。しかし、そのお金が目的になり、そのせいで大事な幸せを失う人も多いものです。おしっこと雨戸の関係に戸惑う男を私たちは本末転倒と笑っていますが、幸せにとっての仕事やお金の関係を本末転倒しないように注意したいものです。

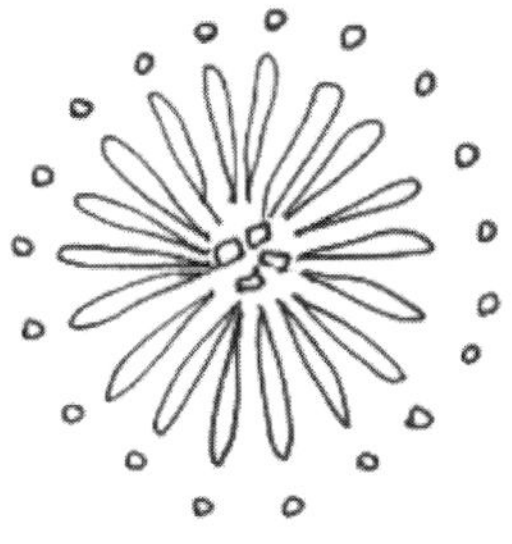

第61話　提灯

雪が消えると増えるのが自転車です。車を運転する人にとって、自転車はとても怖い存在です。中でも、夕暮れ時や暗い夜に無灯火で走る自転車は恐怖です。そんな自転車に驚かされた人は私だけではないでしょう。

こんな笑い話があります。目の不自由なあんまさんがいました。仕事が長引き、帰るころにはすっかり日が暮れてしまいました。帰り際にそのあんまさんが「提灯を貸してほしい」と頼みます。頼まれた家の主人が、「提灯はあるから貸してもいいが、あなたは目が見えないのだから提灯を持っても持たなくても意味がないんじゃないか？」と答えました。するとあんまさんが、「確かに目の見えない私は暗くなっても一向に困らないし、提灯など必要ありません。ただ困ったことに、目の見える人は不便なもので、私が提灯を持ってないとぶつかってきて危なくってしょうがないので」と話したといいます。提灯は自分が他人を見るための灯りであるだけでなく、相手に自分を見てもらうための灯りでもあるのです。無灯火の車や自転車の人は、自分には相手の車も道路も見えるから灯りは必要ないと思っているのでしょう。しかし、相手にはライトを点けない自転車や車は見えないのです。ライトは相手に自分のいることを示す大切なシグナル。その灯りで事故を避けることができるのです。

車や自転車のライトが安全に走行する上で大切なように、言葉は人間が生きる上でとても大切な道具です。不機嫌だからとか無口だからといって、挨拶もしないような人は無灯火の車と同じ。あらぬ誤解をされたり、思わぬ不幸という事故に出遭うことにもなりかねません。スイッチを入れないとライトが点かないように、口を開かなくては言葉や会話になりません。「言わなくても分かるだろう」といいますが、夫婦や親子でも言わなくては分からないのです。口は食べるだけの器官ではなく、人と人の世を楽しく幸せに生きるための大切なシグナルなのです。

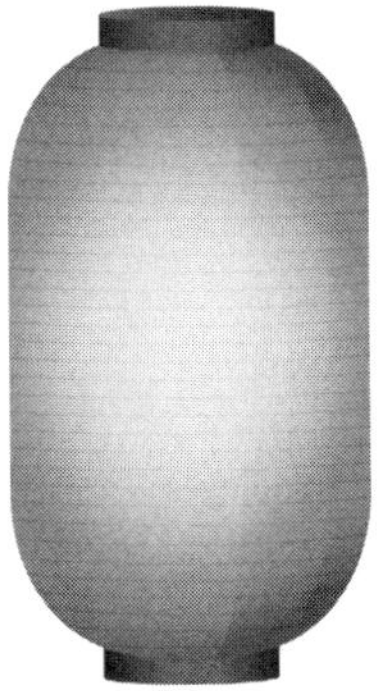

第62話　運不運

人間、一生の間にはどうしようもなく運が悪い時ということがあるものです。どんなに努力しても、どんなにがんばってもダメ。もがけばもがくほど悪い方へ悪い方へと物事が進んでしまう。そしてどんどん深みに入り込んでしまう。そんな時ってあるものです。

バイオリズムという言葉があります。バイオとは命のことで、バイオリズムとは生命のリズムという意味です。つまり私たちの生命には、好調な時と不調な時とがちょうど波のようなリズムでやって来るというのです。一日24時間の間にもリズムがあり、朝調子の好い人もいれば、5時から男といわれるような夜型の人などいろいろです。こうしたバイオリズムが一年の間にも、また一生の間にもあるというのです。

東洋では、昔からこのバイオリズムを「運」と呼びました。そしてどんな人にも運の勢い、つまり「運勢」の良い時と悪い時があり、吉運の次には凶運が、凶運の次には吉運があると考えました。良い時もあれば悪い時もあり、悪い時もあれば良い時もある。それが私たちの人生なのです。そこで大事なのは、そうした運不運を迎える私たちの姿勢です。幸運に有頂天になり、自分の力や能力を過信し、傲慢《ごうまん》になる人。逆に不運に負けて、天を恨み、人を呪い、努力を忘れ、自暴自棄になる人。どちらも運に動かされた弱い人間です。一方、幸運を諸天善神の恵みと謙虚に受け止め、さらに努力をする人。そして不運は春を待つ間の冬と受け止め、じっと力を蓄える好機と考える人。どちらも運を動かす強い人間です。運を動かすか、運に動かされるかで、幸運が不幸の原因になったり、不運が幸運の原因になったりするのです。

　運不運あるのが人生。そう受け止め、好運に奢らず、不運に挫けず、与えられた今日一日を精いっぱいに生きることが運勢を好転させる最良の方法であり、賢い生き方なのです。信仰とは神頼みで運不運を変えることではなく、運不運に動ぜず生きることなのです。

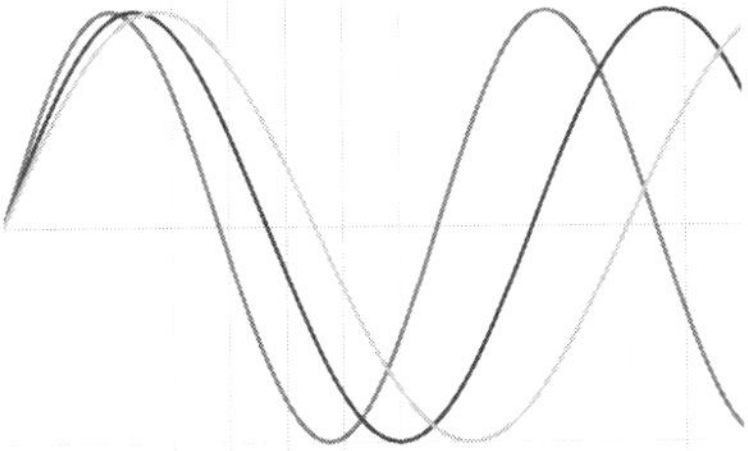

第63話　究竟憐憫の恩

昭和60年8月12日、524人の乗客乗員を乗せた日航ジャンボ機が群馬県御巣鷹山《おすたかやま》に墜落し、520人もの方がなくなる大惨事から、ちょうど十三回忌になります。

飛行機の事故というと、普通は一瞬にして爆発するか墜落するのですが、この日航ジャンボ機は墜落するまでに約30分近く、空中でキリモミ状態を続けたといいます。乗客の多くはパニック状態になり、恐怖で失神する人もいるというまさに極限状況の中で、手帳に遺書ともいうべき思いを綴った方がいます。松本圭市さん29歳。奥さんの知子さんと2歳になる哲也君の若いお父さん。墜落現場で見つかった、いつも彼が使っていた淡いブルーの中型ノートは血まみれ。そのノートに「PM6：30 知子哲也をたのむ　圭市」。次のページに「突然ドカンといってマスクがおりた」さらに次のページに「ドカンといって降下はじめる。しっかり生きろ」。さらに数ページの空白の後、やっと読みとれる乱れた文字で「哲也　立派になれ」と書かれていました。

仏説《ぶっせつ》父母《ぶも》恩重難報経《おんじゅうなんほうきょう》（父母恩重経）というお経があります。父と母の恩は重いということが説かれた中国産のお経です。その十番目の親の恩に「究竟憐憫《くきょうれんびん》の恩」というのがあります。究竟とは最後、つまり死ぬ瞬間です。親というものは死に臨んでさえ、自分のことより後に残る子どもたちのことを案じてくれるという恩です。今どきそんなことは、と思っていました。墜落する飛行機の中で死の恐怖に震えながら、それでもなお後に残す妻と子を思い、「知子　哲也をたのむ」「しっかり生きろ」と叫び、まだ文字の読めない2歳の子に「哲也　立派になれ」と血染めの遺書を残した松本圭市さん。時代は変わっても、変わらぬ親心に感動しました。よく考えると、私たちもまた、亡くなった父母やご先祖の究竟憐憫の思いに包まれて、今ここにこうして生きているのではないでしょうか。亡き人への報恩の回向《えこう》を忘れないようにしましょう。

第64話　稲の華

今年も稲の生育は順調で、農家の方には嬉しい秋が迎えられそうです。稲は8月お盆の頃に一番大事な花が咲き、この時期に天候に恵まれないとお米にならないといいます。

私が大学院時代の三年間お世話になった湯川日淳《ゆがわにちじゅん》上人は、当時90歳の大僧正。唱題行の創始者であり、清澄寺の別当《べっとう》から京都の本山・本法寺の貫首《かんじゅ》を務められた近世日蓮宗の名僧の一人です。私を坊さんになる気にさせてくれた、心の師と仰ぐお上人さまです。その湯川上人が檀信徒の方に頼まれて書を揮毫《きごう》され、自分の名前を書く時に「稲華道人《とうかどうじん》」という号を書かれました。側で見ていた私が「稲華道人とはどういう意味ですか？」と尋ねると、上人は「田端君、稲の華はお米を作る上でなくてはならない大切な花。しかしその稲の華は人が気づかないほど目立たない小さな花。そんな稲の華のように、目立たなくてもなくてはならない坊さんになりますようにという願いと、稲の華と書いて〈イナカ〉と読み、都会風な世なれた坊さんではなく、いつまでもイナカ坊主のまま、真面目に修行をしますとの自戒の意味を込めた名前ですよ」と教わりました。

あなたは稲の花を見たことがありますか？ 花というと、赤や青の派手な色や形を想像しますが、私たちのいのちを支えるお米となる稲の花は、白くて、小さくて、よほど気をつけないとそれが花とは分からないほどです。それでいてとても大事な花、それが稲の花です。

私たちの目を楽しませる美しい花もいいですが、どんなに地味で目立たなくても、お米を作る稲の花は何よりも大事。バラやランの花のような派手で目立った生き方は無理でも、湯川上人のように、どんなに小さくても、どんなに目立たなくても、なくてはならない大事な人といわれる、そんな稲の花のような生き方をしなくてはと思いました。どんなに小さくてもいい、あなたの花を咲かせて下さい。

第65話　進化

遥か昔、宇宙の彼方でビッグバンといわれる大爆発が起こり、やがて太陽が生まれ、そして46億年前に地球が誕生しました。その地球に生命、といってもバクテリアのような生命が誕生したのが、今から38億年前。その生命が進化に進化を重ね、ホモ・サピエンスといわれる人間の先祖が誕生したのが今から20万年前だそうです。今ここに、こうして生きている私たち。考えてみると、私という人間は38億年前から続いた生命の進化の歴史の上に存在する、とんでもなく尊い私なのです。私たちは、バクテリアから人間になるまでの生命進化の過程を母のお腹の中で経験し、そして人間となった時点でこの世に生まれるのだそうです。38億年の生命進化の歴史は、「より良く」から「さらに良く」、そして「もっと良く」と願う生命の意思の歴史だというのです。「より」「さらに」「もっと」と願う生き方が生命の進化の方向であり、法則なのです。

そうした38億年の生命進化の歴史を経て、ここにこうして生きている私たち。その私たちが「どうせ」「いまさら」「もう」という、自分で自分を否定したり、または諦めるという投げやりな生き方をすることは、進化の法則に反する生き方ということになります。

　歌謡界の女王といわれた美空ひばりの座右の銘は「今日の自分に明日は勝つ」という言葉だったといいます。人間として、より美しく・もっと賢く・さらに尊くと願い、一日を、「いま」という一瞬を大事にする生き方。それが生命進化の法則に則った生き方なのです。

　お勧めの最後に「今身《こんじん》より仏身《ぶっしん》に至るまでよく持《たも》ち奉《たてまつ》る」と唱える『帰依《きえ》』。人間から仏を目指すという、生命進化の法則を生きる事を誓う祈りなのです。そして「今身より仏身」を目指して、「より」「さらに」「もっと」と生きる生き方を「法華経を生きる」というのです。昨日より今日、今日より明日の自分が一歩でも仏に近づくように頑張りましょう。

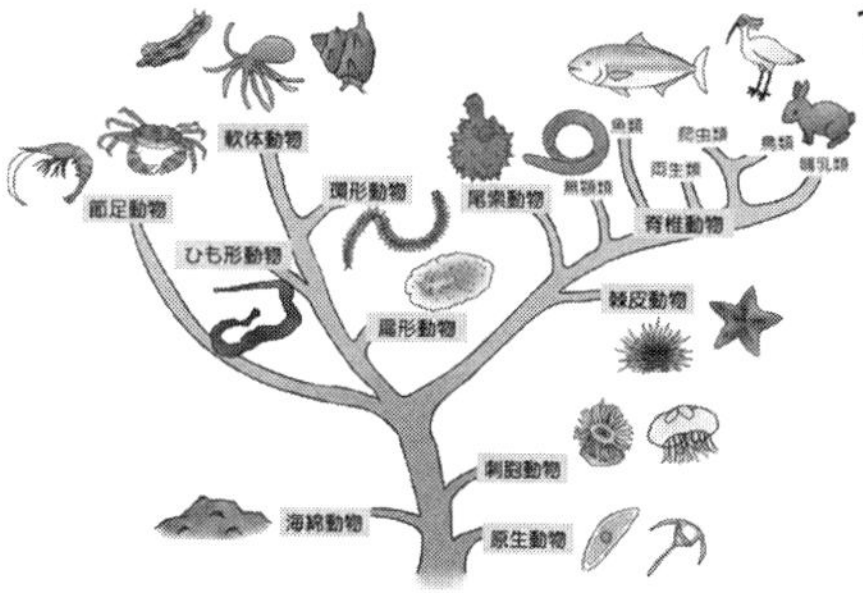

第66話　腹悪しき人

日蓮聖人を支えた沢山のお檀家の中に、四大檀越《だんのつ》といわれる方がいます。中山法華経寺を寄進した富木《とき》さん、身延山を寄進した波木井《はきい》さん、池上本門寺を寄進した池上さん。そして四条金吾《しじょうきんご》さんの四人です。中でも、四条金吾さんは直情径行《ちょくじょうけいこう》で一本気、まさに典型的な鎌倉武士で、日蓮聖人が龍《たつ》ノ口《くち》で首を切られようとした時、兄弟四人が揃って切腹をし、霊山浄土《りょうぜんじょうど》までお供をしようとされた篤信《とくしん》の熱血漢です。聖人はそんな四条さんをとても信頼され、もし四条さんが地獄に落ちるようなことがあれば、「日蓮も一緒に地獄に同行しよう」とまで言われた方です。

そんな信仰的には百点満点ともいうべき四条さんなのですが、聖人は四条さんを「腹悪《はらあ》しき人」と指摘します。「腹悪しき人」とは、お腹をこわした人という意味ではありません。短気で怒りっぽい人のことです。しかも自分の感情を、すぐ表情や言葉、態度に出してしまうのです。今風にいうと瞬間湯沸かし器型の人間で、すぐにカーッと頭に血がのぼる人だったのです。言ってることもやってることも正しいし、決して悪い人ではないのです。ただ、短気で、怒りっぽくて、言葉がきつくて、誰にでも喰ってかかる。かなりおっかない雰囲気の方だったようです。

聖人はそんな四条さんに対し、「いかに信仰的に立派であっても、仕事や社会の中で悪い人物といわれるようではいけない。そのためには短気と怒りを慎みなさい。それを守れないようでは、いくら私でも救うことができない」と諌《いさ》められたのです。

短気で怒りっぽい四条金吾さん。そんな四条さんに何か自分を見ているような親近感を感じるのは私だけではないと思います。信仰だけでなく、仕事や社会的にも良き人であれ。そしていかに信仰熱心でも、怒りと短気を慎まない「腹悪しき人」は救えないというのです。怒りや短気は、信仰の徳を全てふっ飛ばしてしまうという聖人の教え。気をつけたいものです。

第67話　こだわり

仏教では「こだわり」の心を煩悩《ぼんのう》として戒《いまし》めます。「こだわり」は、私たちをがんじがらめに縛る心です。「こだわり」に囚われると自由が奪われ、そのために考え方や生き方が縛られ、私たちを不幸してしまうからです。

お釈迦さまの十大弟子の一人に、智慧《ちえ》第一といわれた舎利弗《しゃりほつ》という方がいます。舎利弗さんの智慧はスーパーコンピューター並。記憶力抜群で、お釈迦さまをも凌ぐくらいの超エリートです。ある日、お釈迦さまの使いで維摩居士《ゆいまこじ》を訪ねることに。維摩居士は在家の方ですが、お釈迦さまの教えを深く理解し、神通力もある方。舎利弗さんが訪ねると、維摩居士は空からきれいな花びらを降らせます。突然頭や肩に降り注ぐ花びらに舎利弗は戸惑い、懸命に払い落とそうとします。ところが、必死になって払い落とそうとすればするほど、花びらは舎利弗さんの体にべったりくっついて離れません。そんな舎利弗さんに維摩居士は、「花びらが頭や肩に積もったっていいじゃないか」と話します。すると舎利弗さんは、「いいえ出家者に花びらは相応《ふさわ》しくありません」と答えます。その答えに維摩居士は「バカモン！」と一喝するのです。「花びらは放っておけば自然に落ちるもの。それを自分は出家者だ、智慧第一だ、エリートだというお前さんのそのこだわりの心が、逆に花びらをべったりとくっつけさせているのだ。こだわりを捨て、自由に、自分らしく生きよ、と説くお釈迦さまの教えを理解せず、智慧第一などと自惚《うぬぼ》れるな」と叱りつけたというのです。

　あなたは舎利弗さんのような「こだわり」で自分を縛ってはいませんか？地位や肩書、過去の栄光、または「もう歳だから」とか「どうせバカだから」といった決めつけ。そんな「こだわり」で大事な「いま」を不自由に生きてはいないでしょうか。「一切のこだわりを捨てよ」と説かれたお釈迦さま。それは二度とない大切な自分だけの人生を、自由に、生き生きと幸せに生きるための大切な智慧なのです。

第68話　牛飲馬食

ミュージカル「南太平洋」の原作者で、ピューリッツァー賞受賞作家のジェームス・ミッチェナーさんという方が、90歳で亡くなりました。彼は3歳でみなしごとなり、孤児院で育ったという経歴の持ち主です。その彼は、この孤児院での生活の中から、とても多くのことを学んだというのです。普通なら辛い孤児院での生活を人生のマイナスと受け止めるところ、彼はそれをプラスと受け止め、その経験を作家としての人生の糧として生きた人だというのです。

『宗鏡録《すぎょうろく》』という中国の仏教書に、「牛、水を飲んで乳と成し、蛇、水を飲んで毒と成す」という言葉が書かれています。牛は水を飲んで牛乳とし、蛇は水を飲んで毒とする、というのです。同じ水を飲んだのに、それを飲む牛と蛇で人を育てる牛乳と、人を殺す毒になってしまうという譬えです。

普通の人は孤児院に入るとグレたり、悪いことをしがちです。ところがミッチェナーさんは、その孤児院でのいろんな経験を栄養にして作家になったというのです。すごいなと感心しました。

　ところで私たちはどうでしょう。失敗したり、辛いことや嫌なことに出遭うと、親が悪いから、先生が悪いから、そして社会が悪いからと、すぐに他人のせいにしてはいないでしょうか。中にはそういうこともあるかもしれません。しかし水は、牛が飲んでも蛇が飲んでも同じ水です。それが牛乳になるか毒になるかは、その水を飲む牛や蛇、つまりこの世の中を生きる私たち自身に原因があるのです。それを、飲んだ水の水質や蛇口のせいにするのはいかがなものでしょう。親のいないミッチェナーさんが孤児院という施設にいたのに、その経験をプラスに受け止めた生き方とは雲泥の差です。

　人間、問題や苦労のない人などいません。人生も同じです。飲んだ水を牛乳にするか毒にするか、それは私たち自身の受け止め方であり生き方にあるのです。牛は牛でも牛飲馬食《ぎゅういんばしょく》の牛や馬にはならないようにしましょうね。

第69話　六根清浄

わたしは毎年法華経の一節を自分で篆刻《てんこく》し、それを年賀状にしています。法華経第一章の序品《じょほん》から始まってもう19年、今年は第十九章の『法師功徳品《ほっしくどくほん》』から「六根清《ろっこんしょう》浄《じょう》」という一節を選びました。

『法師功徳品』とは、法華経を信仰する人にはこんな功徳があるよ、ということが説かれたお経です。その中でお釈迦さまは、法華経を信行する人は、その功徳で「六根」が「清浄」になると言われるのです。では、なぜ六根清浄が有り難いのでしょう。

「六根」とは、眼耳鼻舌身意《げんにびぜつしんい》という私たちの六つの感覚器官です。色や形からものを識別するのが眼、音を聞くのが耳、匂いを嗅ぐのが鼻、甘いしょっぱいなど味を感じるのが舌、熱い痛いなど感じるのが身体、嬉しい悲しいなど感じるこころを意といい、これを「六根」と呼びます。私たちはこの「六根」を通してものを識別したり、判断したり、好悪や喜怒哀楽を感じたりします。この「六根」を通して認識された世界を「六識《ろくしき》」といい、「六根」によって認識される対象となる世界を「六境《ろっきょう》」と呼びます。

「六根」は私たちが物事を受け止め、判断をする入り口となる器官です。テレビに譬えるとアンテナです。アンテナが折れたり曲がったりすると、テレビの映像も歪んだり乱れます。そんなテレビではものは正しく見られないし、判断もできません。折れたり曲がったアンテナからの歪んだ映像を、私たちの勝手な憶測や先入観、そして期待や希望の眼で判断してはいけないのです。物事をあるがままに受け止め、そしてその上で正しい判断をすることが大事。私たちが幸せに生きるためには、その入り口である「六根」が「清浄」でなくては、すべての行為や努力がまったくの無駄になるのです。

お題目もそうです。六根清浄な心で唱えるか、六根不浄な心で唱えるかで、お題目の輝きとその利益《りやく》がまったく違う事になるのです。六根清浄のお題目信仰をしましょう。

第70話　治にいて

1月8日から9日にかけて、東京を中心に降った雪は一都八県で528人がケガをし、2人の方が亡くなるという大変な被害をもたらしました。8日の夕方、会議で上京した私は羽田空港に着いたのですが、外は大変な雪。一瞬青森空港に逆戻りしたのではないかと思うほどでした。しかし、津軽に住む私たちには、15㎝の雪など大した量ではないのですが、雪に慣れない東京はまさにパニック。人や自転車が転び、車はスリップして走れず、電車は止まるという酷いものでした。普通タイヤで運転して渋滞の原因になっているドライバーに対して「雪を舐めてる！」と怒っている長距離トラックの運転手さんをテレビで見ましたが、まさにその通りだと思いました。

冬は雪が降り、雪が降ったら滑るという当たり前のことを忘れ、ハイヒールで歩いて大ケガをした女性。タイヤ交換もチェーンもかけずに走り、スリップをして追突事故を起こした車。みんな雪を舐めた結果です。よく考えると、怖いのは冬でも雪でもなく、冬には雪が降り、雪は滑るという当たり前のことを忘れ、「雪を舐めて」いる私たちの考え方です。

大雪のテレビを見ながら、ふと考えました。平和と繁栄、そして居心地のよい毎日に慣れきった私たち。しかしそんな日本にも冬があり、大雪の降る日があることを忘れてはいないだろうか。「そんなことはどうにかなるさ」と舐めていると、いずれ困るのは自分であり、そして家族であり、さらに国民全員では、と。

中国には「治《ち》にいて乱《らん》を忘れず」という諺《ことわざ》があります。暖冬少雪の中にあっても大雪の降る日を忘れないように、豊かさや平安な日々の中にあっても、常に人生の冬を忘れないことが大事です。それがケガや事故を少なくする智慧《ちえ》です。信仰とはただ仏さまに祈ることではなく、「治にいて乱を忘れ」ない智慧ある生き方をすることではないでしょうか。大雪で混乱する東京で、そんなことを感じました。

第71話　キレる

授業中の態度を注意した英語の先生を刺し殺した中学生。拳銃が欲しいと警察官をナイフで襲った中学生。そんな中学生による犯罪が多発し、青森県でも警察官による補導の強化や、中学生にナイフなどを売らないように自粛を呼びかけるといったことが検討されているようです。事件を起こした子は、普段は真面目でおとなしい子だといいます。そんな子がなぜあんな恐ろしい事件を起こしたのかというと、キレてしまいカーッとなって、というのが原因だそうです。若者たちの間で流行語となっている「キレる」とか「プッツンする」という言葉は、私たちの「怒り」という感情を縛っている忍耐や良識の糸が切れることを意味する言葉だそうです。事件を起こした中学生はもとより、最近の子どもたちは自分の感情を自分で抑えられない子が多くなったといいます。

世の中、どんな人だって腹の立つことや頭にくることの一つや二つはあるものです。しかし、だからといってすぐに頭にきてプッツンし、キレていたのでは世の中生きてはいけません。そのため、お釈迦さまはこの世を娑婆《しゃば》（忍土《にんど》）、つまり苦しみや辛いことをじっと耐え忍ばなくては生きられない世界と言われ、幸せに生きるためには怒りの感情を鎮めなさいと教えられました。

お釈迦さまの十ある呼び名の一つに、調《じょう》御丈夫《ごじょうぶ》というのがあります。調御とは調教師が象やライオンを上手に調教することで、お釈迦さまは怒りや貪《むさぼ》りといった猛獣のような感情や欲望を、自由自在に制御できる能力をもった優れた人という意味です。日蓮聖人も、短気な四条金吾《しじょうきんご》さんに怒りを慎みなさいと説かれました。カーッとなりキレた人は、物事の正しい判断も行動もできず、自分で自分をコントロールすることができなくなります。本当に偉い人とは、自分の感情や欲望をセーブし、周りの人の幸せのために自分をコントロールできる人です。そういう人を仏といい、仏教とはそんな仏の人を作り・育てる宗教なのです。

第72話　良い天気

ラスキンというイギリスの詩人に「雲」という題名の詩があります。

　世の人々は今日はよい天気だ
また悪い天気だ、などと言うが、
天気に良いも悪いもない。
みな、良い天気ばかりである。
ただ種類がちがうばかりで
晴れた良い天気、
雨の良い天気、
風の良い天気、
とのちがいだけだ。

というのです。私たちは、雨や風、まして雪や吹雪の天気を悪い天気と嫌い、晴れの日ばかりを良い天気と思いがちです。しかしラスキンは、「天気に良いも悪いもない」「種類がちがうだけ」で「みな、良い天気ばかり」だというのです。

　確かに、天気そのものに良いも悪いもありません。それは私たちの都合でそう言われているだけで、ラスキンのように受け止めると、毎日が良い天気で、毎日が幸せになります。

お天気だけでなく、自分の周りにいる人を、私たちは自分の都合で良い人悪い人と判断してはいないでしょうか。しかしラスキン流に考えると、人間に良い人間も悪い人間もなく、「みな良い人間ばかり」で、ただ「種類がちがう」だけ。自分に優しい良い人間もいれば、自分に厳しく当たる良い人間もいる。味方役の良い人間もいれば敵役の良い人間もいる。ただ種類が違う良い人間ばかり、ということに。そう受け止めて周りを見回すと、これまで煙たかったり、あまり好きではなかった人も、なんとなく大切な良い人に感じられるから不思議です。

お釈迦さまは「ことごとくこれ我が子なり」と説かれ、全ての人間を自分の子と受け止められました。そんな広い優しい仏の目で人間を見るのが仏教です。そういう仏の目で人間を見ると、世の中に嫌な人間がいなくなり、人に会うのが楽しくなります。もっと仏の目で、世の中や人間を見ようではありませんか。

第73話　イメージ

法華経は菩薩のために説かれたお経です。そして法華経では、私たち人間を菩薩、つまり仏の子と説かれたのです。

ところで、長野冬季オリンピックのスピードスケート男子５００ｍで金メダルを獲った清水《しみず》宏保《ひろやす》選手。表彰台で銀と銅の外国人選手に挟まれた彼の身長は、両脇の選手の肩しかありませんでした。まさに「小さな巨人」です。肉体的に恵まれない彼が金メダルを獲るには、よほど凄い練習をしたのだと思います。同時にインタビューで清水選手が話していた「イメージ」も、その大きな一因だったようです。彼は常に心の中で、最高の滑りをしている自分や、表彰台に立っている自分をイメージしていたというのです。試合の前日もぐっすり眠ったという彼。日本中の期待という重いプレッシャーをはねのけた力も、また世界一苦しい練習を乗り越えた力も、彼の描いたイメージから生まれた力なのだと思います。

「負けるのでは」とか、「失敗するのでは」

といったマイナスのイメージではなく、勝つことと最高の滑りができるというプラスのイメージを心に描いて行動した清水選手。もちろん実力がなくては話になりませんが、そんなプラス思考のイメージが金メダルになったのです。

世の中、欲まみれのどうしようもない人間ばかり。「どうせ自分なんか」というマイナスイメージが横行し、一層人間や社会を悪くしていないでしょうか。そんな私たちをお釈迦さまは「尊い仏の子」だというのです。あなたも私も、みんな仏の子。それが法華経の人間観です。また救いようのないこの世を、「いや、ここは浄土なのだ」と説く法華経。法華経は最高のプラス思考の教えです。自分が仏の子だと思うと嬉しくなります。この世が浄土だと思うと大切にしたくなります。そして気持ちが明るく尊くなり、生きる勇気が湧いてきます。清水選手の金メダルに拍手を送ると共に、自分が仏の子であることを忘れないようにしたいものです。

第74話　散る桜

桜の花がドンドン北上しているようです。間もなく津軽にも届き、お寺の境内のたった一本の桜の開花が今から楽しみです。

日本人は桜の大好きな民族だといわれています。しかし、花としての美しさなら何も桜に限らず、ボタンや芍薬《しゃくやく》といった花でもいいはずです。なのに桜が特別視されるのは、花の美しさと共に、どうもその散り方にあるようです。

平安時代までは、花というと桜ではなく梅だったといいます。長い冬をじっと耐え、春一番に香りの高い花を咲かせる梅に、辛い人生を耐えて生きる人間の美しさを感じて、平安の人々は梅の花を愛したといいます。

一方、梅が桜になったのは「花は桜木、人は武士」というように、どうも武士の社会になってから、つまり鎌倉時代のころからのようです。梅が人の生き方を象徴するとすれば、パッと咲いてパッと散る桜は人間、特に武士の死に方を象徴した花といえます。
江戸時代の禅僧で歌人でもあった良寛《りょうかん》さん。その良寛さんが詠んだ

散る桜　残る桜も　散る桜

という俳句があります。死に逝く人が「散る桜」だとすれば、それを見送る人は「残る桜」。その「残る桜」も、いずれは「散る桜」。仏教で説く「諸行無常」を根底に、生死《しょうじ》を達観した禅僧らしい俳句です。昔の人は春爛漫《らんまん》に咲く桜の花を見ながら、散る桜に想いを馳せ、命の儚《はかな》さと同時に生きることの大切さを、桜と自分を重ね合わせて感じたのです。散る桜に命の無常と尊さを感じ、生死一如《しょうじいちにょ》を実感した日本人。

長命化といわれる現代、人は「死」を忘れているといいます。ちょっと延びただけなのに。「死」を忘れるということは、「生」を粗末にしていることです。今は「残る桜」の私たち。しかし、いずれは「散る桜」です。「咲く桜」に目を奪われて「散る」ことを忘れないように、今年は「散る桜」をよ～く見ようと思います。

第75話　対人関係

毛利衛さん・若田光一さん・土井隆雄さん・向井千秋さん。宇宙を旅した日本人宇宙飛行士の方々です。宇宙飛行士には誰もがなれるというものではありません。科学者として一流であり、英語が自由に話せて、しかも健康でなくてはなりません。したがって、宇宙飛行士には知力・体力共に優秀な人が選ばれるのだそうです。

ところで、この宇宙飛行士を選ぶ選考委員会が最も重視する条件は、知力・体力よりも対人関係の能力だというのです。対人関係の能力とは、人と仲良くできる能力です。科学の粋《すい》を集めた宇宙船。その宇宙船に乗る宇宙飛行士に求められる最大の能力が、なんと小学生並みの「仲間と仲良くできるかどうか」という能力だというから面白いです。

考えてみると、狭い宇宙船の中で違う国の人間が何日も一緒に過ごすということは、なかなか大変なことです。しかも、何か一つでも間違いがあれば全員の命がなくなるという極限状況。考えただけでも緊張します。それだけにストレスも高く、仲間との人間関係に万一トラブルでもあると、それが原因で重大な事故や失敗につながるというのです。そのため、宇宙飛行士にとって知力・体力以上に仲間と仲良くすることができるかという、人間関係を円滑にする能力が重要な条件になるというのです。

　ところで、宇宙船地球号に乗っている私たちはどうでしょう。「幸せ」行きの地球号の飛行士は、家族はもちろん、地球号の全ての乗員と仲良くできなければ失格です。人間だけでなく鳥や虫、草や木とも仲良くならなくてはいけません。それなのに世の中はストレス社会といわれ、イライラや怒りといった自分の感情や欲望をセーブできない人ばかり。これでは地球号は船内の人間関係トラブルで事故を起こし、とても目的地の「幸せ」には到達できません。宇宙船地球号の飛行士として自分をコントロールするために、一人一人がしっかりお題目を唱えなくては、と思います。

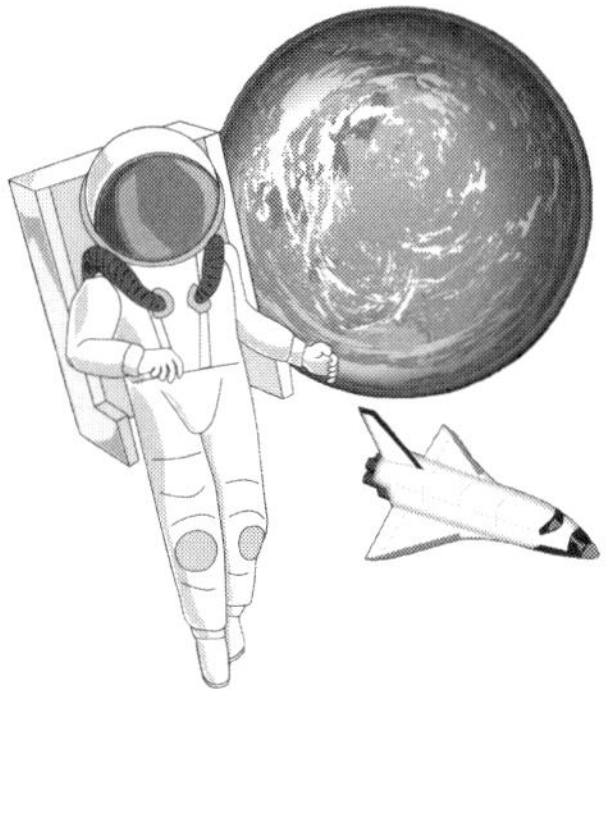

第四章

第76話　一味の雨

うっとうしい雨の季節になりました。イヤな雨です。しかしこの雨がなければ、リンゴも米も育ちません。そう思うと、イヤな雨が有り難い雨に感じられます。

諸共に　一味の雨は　かかれども
　　　松は緑に　藤は紫

という、法華経の第五章『薬草喩品《やくそうゆほん》』を詠った源信僧都《げんしんそうず》作といわれる句があります。雨は全てのものに同じに降るが、その同じ雨を吸って松は緑の葉をつけ、藤は紫の花を咲かせるというのです。お釈迦さまの教えは同じですが、それぞれの違いに合わせて平等に利益《りやく》するという意味です。

人間とはおかしなもので、何かによらず他人の生活や持ち物が良く見えたり、羨ましく思ったりするものです。そんな人間の心の機微をテレビドラマにしたのが橋田壽《はしだす》賀子《がこ》さんの『となりの芝生』という作品でしょう。

何年前になるでしょうか。たまたま県の青年の家で、ヒゲの殿下といわれる三笠宮《みかさのみや》寛仁《ともひと》親王と一緒になったことがあります。

日頃私たちは、皇族っていいなあと羨ましく思っていました。そんな私たちに殿下は、「皆さんはいいですネ」と私たちを羨ましがられたのです。皇族は好きな人と自由に結婚ができない。また皇族だからという理由で、６歳になった途端親から離され、厳しい躾《しつけ》をされたというのです。一見、何の苦労もなく幸せそうに見える殿下や皇族にも、それなりの苦労や悲しみがあるということを知りました。

隣りの芝生を羨ましく思い、自分の境遇に不平不満を感じ、親が悪い社会が悪いと愚痴《ぐち》っている私たち。よく考えると、問題は境遇ではなく、その境遇を受け止める自分自身にあるのでは？ 雨がそれぞれの花を咲かせるように、自分の境遇にいじけたり拗《す》ねたりせず、その境遇をバネに美しい花を咲かせる人を仏といいます。蓮華は泥の中から美しい花を咲かせます。そんな自分の花を咲かせましょう。

第77話　入れ物

毎日食べているご飯。そのご飯が盛り付けられる入れ物で呼び名が変わるから面白いです。皿に盛ると「ライス」といい、どんぶりに入れると「めし」になり、茶碗によそうと「ご飯」になります。同じご飯でも入れ物によって呼び名が変わるのです。

しかしよく考えると、何もご飯だけではありません。私たちの周りにはそういうことがいっぱいあります。例えば、エプロンをかけて家事をしていると「お母さん」。きれいにお化粧をして洋服を着ると何となく「ママ」に、和服を着ると「奥様」に、野良着を着て田んぼにいると「アッチャ（津軽弁で母さんのこと）」に。ご飯と同様で、女性は着る物や居る場所で呼び名が変わるのです。

「仏」とか「鬼」というのも、実は二つが別々にあるのではなく、同じ一人の「人」の呼び名が変わっただけのことです。「仏さま」がツノを生やして牙を剥き、虎皮のパンツをはくと立派な「鬼」になります。同様に「鬼」が微笑みをたたえ、苦しむ人や悲しむ人を救うと、後光《ごこう》に包まれた立派な「仏さま」になるのです。

つまり、「仏」とか「鬼」というのは、私たち「人間」が「行い」によって変わった時の呼び名なのです。「人間」というのは、「人」が「仏」と「鬼」の「間」にいる中間的な存在という意味です。この世には生まれつきの仏もいなければ、鬼もいません。その「人」のその時の「行い」で、「鬼」になったり「仏」になったりするのです。

「行い」は私たちの「心」から生まれます。また「心」は「行い」によって変わります。自分を「仏」にしようと思ったら、自分の「行い」を仏の「行い」にすることです。「仏」の「行い」をする「人」が「仏」なのです。同様に「鬼」の「行い」をする「人」が「鬼」なのです。私たちが仏さまの前でお題目修行をするのは、その「仏さま」の真似をしていることなのです。入れ物でご飯がライスやめしになるように、人は「行い」で「鬼」にも「仏」にもなるのです。「仏さま」の真似をし、「仏さま」の心で生きたいものです。

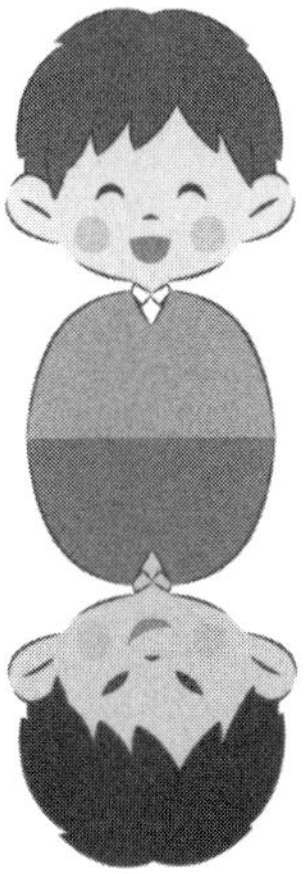

第78話　天寿

新聞の死亡欄を見ると、70代や80代の方でも「天寿を全うし」と書かれている場合があります。人間の生きられる命の限界を天寿とすると、一体人間の天寿とは何歳のことなのでしょうか。医学者の研究によると、あらゆる生物はその成長期の5〜6倍生きられるのだそうです。ということは、人間の成長期は20歳。その5〜6倍ということは100歳から120歳が人間の天寿ということになります。だとすれば、80や90歳で亡くなるのはまだまだ早死にで、とても天寿を全うしたとはいえないことに。

昭和61年に亡くなった世界一の長寿者の泉重千代《しげちよ》さんは122歳でした。また、この6月20日に亡くなった長寿日本一の宮永スヱキクさんは114歳。平成9年1月の調査では、100歳以上の方が全国に8491人もおられるそうで、こういう方こそ本当の意味での天寿を全うした方といえるのかもしれません。

ところで、天寿にはもう一つ違った解釈があります。それは、天寿は天から与えられたいのちという考え方です。たとえ何歳で命が終わったとしても、それが天から与えられたその人の寿命、すなわち天寿だとする考え方です。いのちの長さに関係なく、亡くなったその時を天寿とするという解釈です。

人生の尊さとは、いのちの長さではなく、その輝きにあるのではないでしょうか。いかに長いローソクでも、輝きのないローソクでは意味がありません。いのちは長さではなく、その輝きが大事。日蓮聖人は「いのちに勝る宝なし」といのちの大切さを述べつつ、「百二十まで持《たも》ちて名をくた（腐）して死せんよりは、生きて一日なりとも名をあげん事こそ大切なれ」と、長さよりも生き方の大切さを説かれました。

世界一の長寿大国といわれる日本。長寿をただ喜ぶだけでなく、頂いたいのちをいかに輝かせるかが大事。何歳で迎えが来ようが、それまでは輝いて生きることこそ天寿を全うした人といえるのではないでしょうか。

第79話　捨てる

　食べるものにも事欠いた戦中・戦後の物資欠乏の時代。あれから50年。今の日本は飽満・過剰、物余り・金余りといわれ、物が溢れて捨てるゴミの処理に苦労する時代です。豊かさがイコール幸せだとすれば、これほど幸せな時代はありません。しかし、果たして私たちは50年前の人々に比べて、本当に幸せといえるでしょうか。どうもその逆のように思えてなりません。豊かさの中に生きる私たちの不幸は、あまりにも物が豊か過ぎ、そのため物の有り難さや、物があるということの幸せを感じることができなくなったことです。幸せは、幸せを感じ取る心をもった人にしか感じられないものです。

　アンドレーエフという方は「我々はたいてい必要でないものを必要と思い込んで、ものをたくさん持ち過ぎている。一度、思い切って全てを捨ててみるがよい。するとはじめて、何が自分にとって本当に必要かが分かるであろう」と述べています。全てを捨ててみれば、本当に必要なもの、大切なものが分るというのです。

なるほどと思います。人間、大切な人を失って、はじめてその人の存在の大きさに気づいたり、病気になってはじめて健康の有り難さが分るものです。

しかし、この捨てるということほど難しいことはありません。人間誰でも、一度手に入れたものをそう簡単には捨てられないものです。お金や財産、地位や名誉はもちろん、安楽や平穏といったものも同様です。そうしたいろんな「もの」や「こと」に縛られると、幸せを感じる心や感謝の心を見失ってしまうのです。

私たちの心を覆っている「もの」や「こと」への執着心。この執着の心を取り去らないと、心の目は閉じたまま。どんなに幸せでも、その幸せを感じることができないという不幸になるのです。ブッダ（仏陀）とは、「目覚めし人」という意味のインドの言葉です。お題目を唱えると、ちょうど雲が晴れるように、執着の心が取り除かれるといいます。

第80話　遠行憶念の恩

中国で作られたといわれる『仏説父母《ぶっせつぶも》恩重難報経《おんじゅうなんほうきょう》』（父母恩重経）というお経は、日本人に大きな影響を与えた10の親の恩が説かれています。その中の9番目が「遠行《おんぎょう》憶念《おくねん》の恩」というものです。遠行とは遠くに行くということで、憶念とはずーっと思い続けるという意味です。つまり親というものは、子どもが幾つになっても遠くにいる子どもを案じて、ずーっと思い続けてくれるというのです。「遠行憶念の恩」、時代は変わっても、今もこうした親の心はまったく同じです。

松原泰道《まつばらたいどう》さんの作品に、次のような詩があります。

親という字を
君、学びたまえ。
立ち木に登りて
我が子の帰りの遅きを案じ見る
切なき心のこもりし一字なるを

「親」という漢字は、「立」という字の下に「木」を書き、その右に「見」という字を書きます。つまり「親」とは、子どもが帰ってくるというと、家の前の木に登り、今か今かと到着を待ちわびる、そんな切ない心がこもった漢字だというのです。

　お盆は日本民族が大移動する季節です。夏の短い数日を、故郷の父や母、そして兄弟親戚に会うため、またはご先祖さまのお墓参りのために帰省する人でごった返します。乗り物が混雑する同じ時期に、なんで一斉に帰省するのか外国人には理解できないようです。連休やヒマだから帰るという帰省とは違い、お盆に帰るということに意味があるのです。なぜなら、お盆には生きている父母兄弟はもちろん、亡くなったご先祖さまたちが〝立ち木に登って〟私たちの帰りを待っていてくれるからです。亡くなったご先祖さまは、私たちの盆供養を待っているのです。だから、お盆には帰らなくてはならないのです。この世とあの世、世界は違っても「親」は「遠行憶念」の心で私たちを〝立ち木に登って〟待っているものなのです。報恩の供養を行って下さい。

第81話　規範

久々に胸がスカッとする記事に出会いました。『大法輪《だいほうりん》』という月刊誌に載っていた映画監督・実相寺昭雄《じっそうじあきお》さんの『タレントはそんなに偉いのか』という随筆です。「世の中、なにかおかしい。何がおかしいのかといえばいろいろあるのだが、テレビに出ているタレントが、大きな面《つら》をしているのがおかしい」というのです。そしてそのタレントが、あたかも自分を社会の木鐸《ぼくたく》、つまり規範と思い、見る側もタレントに社会の規範を押しつけているようで、実相寺監督は「ちゃんちゃらおかしい。タレントはもともと河原乞食で、別段社会的モラルの範である存在ではない」。だから彼らが「女をモノにしようが、どんな男をたぶらかそうが勝手で、演技がまともならそれでいい」。タレントなのだから「どんなスケコマシだろうが、板に上がれば聖者の芝居ができればいい」と述べ、なのに近頃みんなそのことを勘違いし、タレントが「えらそう」に人生訓を述べたり、あれこれ評釈をくわえたり、将来のサジェッションまでまことしやかに述べるテレビの番組を見ると、監督は「バカバカしくて聞いていられない。でも私の方が時代遅れなのかもしれない。今やタレントが世の規範なのかもしれない」と自嘲し、そんな時世だから「破天荒な芸人が消えるわけだ。芸も消えた」と結んでいます。

まさに我が意を得たりです。もちろんタレントの中にも立派な人はいるでしょう。しかし有名タレントというだけで講演会を開いたり、それに聴衆が沢山集まるというのは、実相寺監督ではないがまさに世も末です。タレントはタレントであって、彼らに人生や社会の規範を求めるのはいかがなものでしょう。宗門でも時々有名タレントを招いての講演会を開きたがる人がいます。しかし、たとえ人集めのためであっても、日蓮宗には法華経や日蓮聖人という日蓮宗の規範があります。それをお坊さん自身がせずにタレントに求めるのは、プロのお坊さんとして恥ずかしいことではないでしょうか。

第82話　心を形に

私の永昌寺では、毎年その年度の信仰目標を決め、その目標の下にいろんな活動を行っています。この11月から始まる平成11年度の信仰目標は『心を形に…信心から唱題に…』というものです。

私たちの心は外からは見えません。だから、いくら心で感謝しているとか、悪いと思ってるといっても、それが心の中だけではは本当に有り難いと思っているのか、すまないと思っているのか相手の人には分かりません。アリガトウとかゴメンナサイという言葉や態度になって、はじめてその心が伝わり、分かるのです。

私たち日本人は、どうもこの心を形に表すことが不得手です。特に長年連れ添った奥さんとか家族に対しては「言わなくても分かる」といって、なかなか形、つまり言葉や態度に表せないものです。そのために、いらぬ誤解や不信感を持たれることが間々あります。その点、「サンキュー」とか「アイラブユー」を大袈裟なボディアクション付きで言う外国人を見ると、上手いなあと感心します。

実は信仰も同じで、心の中で信じているというだけでは仏さまには伝わりません。「信心」という心が、お題目を声に出して「南無妙法蓮華経」と唱える「唱題」や、足を使ってお寺にお参りするという行動になって、はじめて仏さまや諸天善神に伝わるのです。

日蓮聖人は、「篭の中の鳥が鳴くと、空を飛ぶ鳥が集まり、空を飛ぶ鳥が集まると、篭の中の鳥が外に出ようとするように、お題目を声に出して唱えると仏さまや諸天善神が集まり、仏さまや諸天善神が集まると、私たちの中で眠っている仏性《ぶっしょう》という幸せの可能性が目を覚まし、外に出ようとする」と説かれました。

どんな思いも、心の中にあるだけではないに等しいのです。信心も心の中だけではダメ。お題目を唱える「唱題」という「信行」になって本当の信心になるのです。「心を形に…信心から唱題に…」皆さんもお題目や日頃の感謝を声に出して下さい。

第83話　戒名

先日、『戒名《かいみょう》の値段』というＮＨＫの報道番組を観ました。信士《しんじ》・信女《しんにょ》が30万円、居士《こじ》・大姉《だいし》が70万円、それに院が付くと100万円。安いといわれるお寺でも20万円から50万円が相場だそうです。もちろん、お布施《ふせ》は戒名料とは別です。戒名無料の当山では考えられないこと。東京のお葬式が高いとは聞いていましたが、驚くばかりです。

ただこの番組で気になったのは、戒名料の高い安いや、そうしたお寺の姿勢といったことは述べられていましたが、戒名の意味やなぜ戒名が必要なのかという、戒名以前の信仰について全く取り上げられていなかったことです。

本来戒名とは、その人の信仰がベースにあって、はじめて意味を持つものです。したがって戒名料が高い安いという以前に、信仰もないのに戒名をお金で買おうとする檀信徒《だんしんと》側の姿勢と、それを正そうともせずにまるで物を売るように戒名を売っているお寺に問題があります。

戒名は基本的にお寺から頂くもの。同時に戒名は売り物ではなく、檀信徒の信心に応じてお寺が授与するのが本来の在り方です。つまり、檀信徒の日頃の信仰が大事なのです。日頃の不信心を棚に上げ、亡くなったときに慌てて良い戒名を、というところに、功徳積み料金としての戒名料が派生するのです。

また戒名は、本来死んでからでなく生きているうちに、自分の人生の指針や戒《いまし》め、願いといった思いを込め、仏の子としての決意と誓いで頂く名前です。キリスト教では生まれて間もなく、教会で「洗礼」をし、そして頂く名前がクリスチャンネームです。これが仏教でいう戒名に当たります。

戒名料が高い安いという以前に、信仰もせず、信じてもいないのに戒名だけ貰おうということ自体が問題なのです。永昌寺では、10年に一度「血脈授戒会《けちみゃくじゅかいえ》」を行い、修行に参加された方には仏の子としての戒名（法号《ほうごう》）を生前授与し、とても喜ばれています。

第84話　サラ金

そのうちそのうちと、景気回復を待って過ごした一年でした。総理大臣が替わり、いろんな政策が出されたにも関わらず一向に景気回復の兆《きざ》しも見えない、先行き不安な感じがする年末です。そんな中、青森市で一番の繁華街といわれる新町通りという、青森駅から直線で800mの通りに、なんと37軒もの消費者金融、つまりサラ金業者が軒を連ねて店を出しているという新聞記事に驚きました。もともとは飲食店だったりしたのが、客が入らず次々とサラ金の店になったというのです。こんなにもサラ金が繁盛しているということは、それだけお金を借りる人が多いということなのでしょう。

当座のお金に困っている人にとって、担保や面倒な手続き、審査といったことが必要な銀行より、保険証や運転免許、電話や車だけでお金を貸してくれるというサラ金は、実に便利で有り難い存在。ただ問題は、サラ金は決して慈善事業ではなく、貸したお金には当然銀行より高い利息を付け、その利息で商売をしている営利事業だということです。営利事業ですから、決して損をするようなことはしません。

以前、サラ金から借りたお金が返せず、執拗な返済に苦しんだ家族が一家心中をするという悲しい事件がありました。そのニュースを聞いた時、私たちはお金を取り立てるサラ金業者を鬼のような悪者に感じたものでした。しかしよ〜く考えると、果たしてお金を貸したサラ金業者が悪いのか、借りたお金を返さない人が悪いのか。もちろん脅したり怖がらせるのはよくありませんが、返せもしないお金を借りる人の方も悪いのではないでしょうか。簡単にお金を貸してくれるサラ金。当然高い利息と返せない時の危険を覚悟しなくてはなりません。世の中不景気になると、濡れ手で粟の儲け話が多くなるものです。信仰の世界もそうです。しかし、きれいな花にはトゲがあり、美味しい話には裏があることを忘れないことです。信仰する人は正しい智慧《ちえ》を持つことが大事です。

第85話　命にまさる

日蓮聖人は「いのちに勝る宝なし」と、私たちの命、つまり健康の大切さ、有り難さを説かれました。「命あっての物種」という言葉があるように、どんなに財産や名誉があっても、寝たきりになったり病弱では、折角の地位も財産も何の価値もなくなってしまいます。今年は健康に気をつけて生活をしなくてはと思います。

お釈迦さまは、私たち人間は「４０４病の詰まった皮袋のようなもの」と説かれました。どんな人間も、生まれた時から４０４もの病いを体の中に持っていて、それが外に現れた時が病気。いま健康なのは、たまたまその４０４病が隠れているから。だから今健康でいられるということは、とても有り難いことなのだというのです。

先日読んだ五木寛之《いつきひろゆき》氏の本に「哺乳動物には、ひとしく5億回あまりの呼吸と、１００年前後の時間があたえられている」という記述がありました。5億回あまりの呼吸と１００年前後の時間。それが私たちの一生なのです。聖人は「出《い》ずる息は入《い》る息を待たず」と言われましたが、吐いて吸う息は永遠ではないのです。私にはあと何回の呼吸が残っているのでしょうか。まさに「いのちに勝る宝なし」で、残り少ない呼吸と時間を大切にしなくてはと思います。

日蓮聖人の言われた「いのちに勝る宝なし」とは、ただ単に病気を恐れ、健康第一に、命を惜しんで生きるという意味ではありません。大切な命だからこそ、いま生きているその「生き方」を尊く、清く、法華経で説く地涌《じゆ》の菩薩（この地球に生まれ、この地球で生き、この地球を浄土にするという尊い菩薩のこと）として生きることを説かれたのです。

私たちに与えられた5億回の呼吸と100年前後の寿命。こうしている間にもどんどん少なくなっていきます。大切なのは命の長さではありません。その命の輝き、清らかさ、美しさ、そして地涌の菩薩として生きる尊さにあるのです。与えられた命を大切に、一瞬一瞬を輝いて生きたいものです。

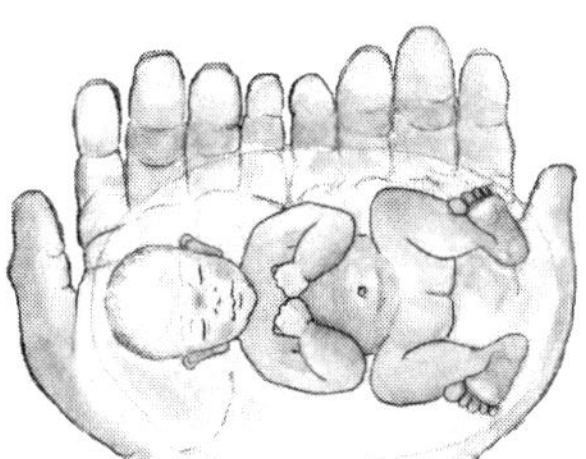

第86話　長寿

年が明けて当山の前住職は数え歳99歳になりました。いつどうなるかは分かりませんが、今のところは食欲もあり、まだしばらくは大丈夫なようです。

日本は世界一の長寿大国とか。高齢化社会、長寿社会などといわれると、何となく誰もが１００歳までは生きられそうな気がするものです。しかし、１００歳の長寿はそう簡単に得られるものではないようです。

日本百寿会という会が、１００歳以上の人を対象に「長寿の秘訣」というアンケート調査をしました。その結果、食生活について、一番目は腹八分目に食べること。二番目は偏食をせず何でも食べること。三番目は野菜や果物を多く採ること。四番目は粗食をすること。五番目はよく噛んで食べること。六番目は間食をしないこと。七番目は梅干しを食べること。といったことが、１００歳以上の長寿者の食生活で多かったといいます。生活の面では十分な睡眠を取り、早寝早起きの生活習慣の人が多く、精神面では欲望を抑える心を持ち、クヨクヨせず、円満な心を持ち続ける、といったことが挙げられていました。

ひるがえって自分はというと、好きな物を腹十二分目に食べ、肉食や美食を好み、暇があれば間食をし、しかもほとんど丸飲み状態といった食生活。生活の面でも夜更かしの朝寝坊、精神面では常に欲求不満とストレスにさいなまれ、激しい怒りとイライラを抱いて生きている私です。こんな生活では、とても百歳の長寿など無理かもしれません。長寿には長寿になるルールがあるのです。そのルールを守った徳ある人に与えられるのが長寿で、長寿の徳を寿徳《じゅとく》といいます。幸せにも幸せになるためのルールがあります。私たちが信仰する南無妙法蓮華経の「法」とは、人間が幸せになるための「ルール」という意味です。長寿だけでなく幸せも、人としてのルールを守るという徳がなくては頂けません。徳を大切にしましょう。

第87話　安心

仏教を信仰する究極の目的は何かというと、「安心《あんじん》」ということです。安心とは私たちの心が安らぐこと。考えてみると、「生きる」ということはなかなか大変なことです。生活上の苦労や心配に加えて、精神的にもいろんな出来事に一喜一憂し、時には憎んだり、恨んだり、疑ったり、落ち込んだり、というのが私たちです。そんな私たちの人生を、お釈迦さまは「火宅《かたく》」と説かれました。つまり私たちは生《しょう》・老《ろう》・病《びょう》・死《し》という火のついた家にいるようなものだというのです。そして、その苦しみを「耐え忍んで」生きるのが人生だというのです。

苦しみの中に生きる私たちが、本当に安らぐ境地が「安心」という境地です。この「安心」は、私たちを縛っている「煩悩《ぼんのう》」から「解脱《げだつ》」して得られる境地です。解脱とは解き放たれるという意味。では、私たちを縛っている煩悩は何かというと、「囚われ・こだわり・偏《かたよ》り」の心です。これから解脱すると、心は自由になり、苦しみがなくなるのです。

中国の『従容録《しょうようろく》』という本に、首山《しゅざん》というお坊さんを一人の修行僧が訪ね、「いかなるかこれ仏」と尋ねます。「仏とはどういうことですか？」と質問したのです。首山はにこやかに「新婦驢《ろ》に騎《の》れば、阿《あ》家《こ》牽《ひ》く」と答えました。「仏とは、お嫁さんを驢馬《ろば》に乗せて、お姑《しゅうとめ》さんがその手綱を引くことだよ」と。普通、お嫁さんとお姑さんが道を行く時、お姑さんをロバに乗せ、お嫁さんが手綱を引くのが常識。ところが首山は、「嫁だ、姑だ」というこだわりを捨て、嫁をロバに乗せて嬉しそうに姑が手綱を引く。これが「仏」の境地だというのです。新婦の乗ったロバを嬉しそうに引くお姑さん。何の屈託もない、まさに一幅の水墨画を見るようなおおらかさ。これが「安心」という境地です。囚われ・こだわり・偏りの心を捨てた時、人は仏さまと同じ「安心」の境地になれるのです。お題目をしっかりお唱えし、火宅の人生を「安心」のこころで生きてほしいものです。

第88話　心友

人間誰でも、自分のことは自分が一番よく知ってると思いがちです。しかし、意外と自分が自分を一番知らないのでは?

二・二六事件で暗殺されかけた岡田《おかだ》啓介《けいすけ》元総理は、「総理大臣になると三つのものが見えなくなる」と言ったそうです。一つはお金。国家予算といった大きなお金を動かしているうちに、お金の価値が分からなくなってしまうようです。二つ目は人が見えなくなる。総理大臣という地位に取り巻きができ、真実の人が身を隠してしまうのだそうです。三つ目は国民の顔。国民のための総理だったはずが、国会や政府の方ばかり見て、肝心の国民を忘れてしまうというのです。そうなった時、「総理大臣は野垂れ死にする」というのです。

人間、地位や立場が変わると自分が見えなくなるものなのです。学生時代の意地悪な先輩や職場のイヤな上司、辛く当ったお姑さん。自分は絶対そんな人間にはならないと思っていたのに、立場が変わったらそのイヤな先輩や上司、お姑さんと同じになっていたということがあるものです。

やはり総理大臣を務めた池田勇人《いけだはやと》氏は、そうならないためには「三人の心友《しんゆう》」、心の友を持てといいました。一人目は優れたジャーナリストで、正しい情報を正しく伝えてくれる人です。二人目は立派な宗教家。自分が迷ったり傲慢《ごうまん》になった時に叱ってくれる人です。三人目は名医。人間、肉体が衰えると正しい考えができなくなるもの。健康に注意をしてくれるお医者さんの友達を持てというのです。

自分のことは自分が一番よく知ってると思っている私たち。しかし総理大臣になるような人でも、いやそういう人だからこそ、自分で自分が見えなくことを恐れ、三人の心友を持てと言ったのです。自分が見えなくなった時、不幸になるのは自分だけでなく家族も、まして総理大臣だったら国民です。あなたは心友をお持ちですか？　法華経と日蓮聖人は、私たちを幸せに導く最高最善の心友です。

第89話　宗教とは

地面に置いた幅30㎝の長い板。あなたはその上を歩けますか？よほどの高齢者や足の不自由な方でない限り、誰でも歩けるはずです。では、その同じ板を、地上100ｍの高さに吊るし、その上を歩けと言われたらどうでしょう？地上100ｍというと、ビルの30階に相当するほどの目もくらむような高さです。落ちたら当然死にます。そんな空中に吊るされた板の上を歩くなど、想像しただけで足がすくみます。幅30㎝の同じ板。地面に置いたら簡単に歩けるのに、地上100ｍでは足がすくんで歩けない。これが人間というものなのです。

危険、不安、恐怖、そうした思いに囚われると、足も体も委縮し、震えたり、すくんでしまうのです。つまり、人間には心があるからです。心が恐怖で委縮すると、足も体も委縮してしまうのです。心に縛られるのが人間なのです。逆に希望、勇気、感動といった心に励まされると、思っていた以上の力を出せるのも人間です。

フランスの心理学者エミール・クーエと

いう方は、「人間は自分の中に自分で計りがたい力を持っている。その力は無意識に取り扱うと有害であり、意識的に、賢く扱うと自分自身を支配することができる。しかも生理的、精神的障害から自分を避けることができる」と述べています。私たちには自分で計りがたい力、つまり心があるのです。しかしその心は、無意識に扱うと自分も他人も傷つけてしまう有害な力で、逆に意識的に賢く扱うともっとも難しい自分自身さえも支配することができる、というのです。この自分の中の計りがたい力である心を、意識的に賢く扱うというのが、実は宗教の果たす役割なのです。

鬼にも仏にもなり得る私たち。鬼も仏も、自分の中の計りがたい心という力が作りだしたもの。その心を意識的に賢く扱い、仏になることこそ人間の在り方だと説いたのが仏教であり、お釈迦さまであり、法華経なのです。心を持つ人間に法華経が大切なのはそのためです。

第90話　誤解

世の中は十人十色。親子・夫婦・双子であっても自分と同じということはありません。それなのに私たちは、他人も自分と同じ考えをし、同じ気持ちだろうと思う所から、いろんな誤解やすれ違いが生まれトラブルになることがあります。こんな話を聞いたことがあります。女性が一人で道を歩いていて、つい思い出し笑いをしました。たまたますれ違った男性が自分に気があると思い込み、以来一日中つけ回される、いわゆるストーカーに悩まされることになったというのです。思い出し笑いも時と場所、相手に気をつけないと大変な目に遭います。人は自分と同じではないのですから。

手を打てば　鳥は飛び立つ　鯉は寄る
　　女中茶を持つ　猿沢の池

という歌があります。奈良公園にある猿沢《さるさわ》の池のほとりでポンポンと手を打つと、鳥は鉄砲かと思って飛びあがり、池の鯉はエサが貰えるのではと騒ぎ、一方お茶屋の女中さんは自分が呼ばれたと思いお茶を運んでくるというのです。ポンポンと手を打つ音に、鳥と魚と女中さんではその受け取り方がそれぞれ違う、つまり世の中は同じ言葉や行動も、受ける側でいろんな受け止め方をされるから気をつけなさいというのです。人は自分と同じではない、自分とは違うのだということを、まずしっかり認識することです。「君子危うきに近寄らず」とか「李下《りか》に冠《かんむり》を正さず」という中国の教えも、そんな誤解によって生じる危険から身を守るために考え出された先人の智慧《ちえ》です。そう認識し、まずはそんな誤解や危険が生まれる状況や環境に近づかないことです。同時に、血を分けた親子兄弟・夫婦友人でも、自分と同じではないということをしっかり心に刻み、違うのだから理解し合うための言葉や行動が大事なのです。挨拶や礼儀もその一つです。人と人の世の中をより良く生きるためには、言葉や行動に気をつけるという、人としての道を大切に生きることで、実はそれがそのまま仏の道になるのです。

第91話　青春

電力王といわれた松永安左衛門《まつながやすざえもん》さんや松下幸之助《まつしたこうのすけ》さんといった方が好んだといわれるサムエル・ウルマンという方の『青春』という詩があります。私も大好きな詩です。少し長いですが読んでみます。

「青春とは、人生のある時期をいうのではなく、心の様相をいうのだ。逞《たくま》しき意志、優れた創造力、燃ゆる情熱、恐れをしりぞける勇猛心、安易を振り捨てる冒険心、こういう様相を青春というのだ。歳を重ねただけで人は老いない。理想を失う時にはじめて老いがくる。歳月は皮膚のしわを増すが、情熱を失う時に精神はしぼむ。苦悶や疑い、不安、恐怖、失望、こういうものこそあたかも長年月のごとく、人を老いさせ、精気ある魂をも芥《あくた》に帰せしめてしまう。（中略）人は信念と共に若く、疑惑と共に老いる。人は自信と共に若く、恐怖と共に老いる。希望ある限り若く、失望と共に老い朽ちる」いかがですか？青春とは、年齢や人生の時期ではなく、心のありようだというのです。そして人は年を重ねただけで老いるのではく、理想を失い、情熱を失った時に精神がしぼみ老いがくるというのです。希望や理想、夢など、青臭い若造のたわ言と思ってはいないでしょうか。それこそ老いた証拠です。

詩人の坂村真民《さかむらしんみん》さんに「大木と菩薩」という詩があります。

大木は　いつも瑞々《みずみず》しい　それは
いつも伸びようと　しているからだ
菩薩は　つねに若々しい　それは
つねに夢を持って　いられるからだ

お釈迦さまは法華経で、私たちはみな仏の子、つまり菩薩なのだと説かれました。

菩薩とは一切の人々を救うため、あらゆる煩悩《ぼんのう》をなくし、いろんな勉強をし、仏の道を生きる人です。そう、とても不可能なことです。その不可能を承知で理想に向かい、夢に向かい、「今身《こんじん》より仏身《ぶっしん》にいたるまで」生きます、という人が菩薩なのです。だから、菩薩とは永遠の青春を生きる人なのです。あなたはそんな「青春」を生きているでしょうか。

第92話　笑い

毎日新聞の『余録』欄に、「笑い」についての記事が載っていました。結成5年になる「笑い」を研究する「日本笑い学会」というのがあるそうです。全国に九つの支部があり、大学の先生やお医者さん、タレントやマスコミ関係者など、８５０人もの会員がいる真面目な会なのだそうです。会の目的は、「笑い」の総合的・多角的研究と「笑い」の文化的発展に寄与すること。つまり「笑いの持つ不思議を解明し、明るく楽しい世の中をつくろう」というのだそうです。

会長の井上宏関西大学教授は、「日本では笑いはまだマイナー。笑いには心身を浄化する作用があり、笑いが社会の主役になってくれたら」と語っています。そして、「笑いは消化を助ける。胃散よりはるかに効く」というドイツの哲学者の言葉や、「笑いは良い血をつくる」というイタリアの諺《ことわざ》、さらに「笑いは人の薬」という日本の言葉を紹介した後に、国際ガン学会で「笑いは制ガン剤」という学説が発表されたことがあると紹介していました。

「笑い」には随分いろんな効用があり、日本の諺「笑う門には福来たる」というのは本当のことのようです。いや「福」が来るだけでなく、「笑う門にはガンも去る」のです。

とはいえ、最近はなんとも下らない「お笑い」や「バカ笑い」ばかりが多く、加えて不況に就職難、そして実に腹立たしい事件ばかりが起きて、とても「笑って」などいられない世の中です。せいぜい「苦笑い」か「泣き笑い」が関の山といったところでしょう。しかし、だからといってそんな世の中に腹を立て、不機嫌に生きて一番損をするのは自分です。笑えない時代であればあるほど、「笑って」生きることが大事。辛くて、苦しくて、とても笑えないこの世や人生を。「笑って」生きることの大切さと、その生き方が説かれた教えが法華経です。

「笑い」は私たちの健康だけでなく、この人生に「福」をもたらす大切な良薬。しかめっ面を「振り」でもいいから笑顔に変えて生きたいものです。

第93話　社会性

　1999年9月8日の昼、東京池袋駅前の路上で、通行人を金づちと包丁で襲い、二人を殺害し五人に重軽傷を負わせるという無差別通り魔殺人事件が起きました。犯人は当時23歳の造田博容疑者。「イライラし、殺してやろうと思った。誰でもよかった」と。そんな勝手な理由で、何の関係もないのに突然襲われた被害者の思いはどれほどのものでしょう。「口数が少なく、おとなしい」「勤務態度はまじめ」「3時間一緒に仕事をしても、こちらから声をかけないと口をきかない」ほど無口で、テレビゲームが趣味という犯人。同じ年の7月、羽田発札幌行きの全日空ジャンボ機をハイジャックし、機長を殺害した犯人。「自分が操縦してレインボーブリッジをくぐりたかったから」と。どちらも犯人の幼児性と社会性のなさを感じさせる事件でした。

　仏教、特に法華経の人間観は「人間とは心と体を持った社会的生きもの」というものです。社会的とは、人間はひとりではなく周りの人々や社会との関わりの中で、活かされて生きている存在という意味です。宮澤賢治が「世界がぜんたい幸福にならないうちは個人の幸福はあり得ない」と語ったのは、人間は「個」や「孤」でなく、「人と人の間」という社会の中で生活している生き物で、社会全体との関わりの中に個人の幸せがあると感じたからです。

人と話もできず、テレビを相手に自分だけの世界に閉じこもり自分の感情を抑えられず、そのために罪のない人に危害を加えるという最近の犯罪に共通した要素。そこには、自己中心的な幼児性と人間としての社会性の欠如を強く感じます。そんな、大人に成りきれない若者が増えてはいないでしょうか。

社会性について学校では教えてくれません。多くの宗教も、来世の救いや個人の救済は説いても、社会性の大切さは説きません。宮澤賢治が心を寄せた法華経は、個人と社会のつながりの大切さを説いた信仰です。もっと多くの人に伝えなくてはと思います。

第94話　禍福は

先日の朝日新聞に「宝くじ22億円、11年半で破産」「事業失敗・二度の離婚・近寄る詐欺師…」という見出しの記事がありました。1998年春、アメリカ・ジョージア州に住む26歳の自動車修理工のポール・クーニーさんが、母親に買ってきてもらった宝くじで総額22億7000万円の賞金を手にしました。記者会見で「未納の電話料金を払い、教会にも寄付したい」と語ったクーニーさんは、まず自分がかつて勤めた自動車販売店の経営権を買い取り、元の上司や同僚をアッといわせます。「くじに当たってもウェイトレスとして地道に働き続ける」と言っていた奥さんのドナさんも、まもなくドーナツ店をやめてしまいます。

ところが、放漫な経営がたたって、一年足らずで自動車販売店は閉鎖。次に値の張る年代物の乗用車を買い集め、高級中古車販売業を目指します。その間に夫婦仲が綻び、奥さんのドナさんに賞金の3分の1を与えて離婚。二人目の妻との生活もすぐに破綻。そして事業を好転させるために融資を受けた人物は、口八丁の詐欺師まがい。法外な利子を取られ、わずか11年半で22億円の賞金を使い果たした上に5億5000万円の借金を抱え、弁護士に破産を申し立てているというのです。

　世の中、なかなかうまくいかないものです。「禍福《かふく》は糾《あざな》える縄《なわ》のごとし」といいますが、好運の裏には必ず不幸や不運が潜んでいるもの。22億円という大金が当たったクーニーさんは、お金という金運には恵まれましたが、幸せという運、つまり幸運に見放された人といえましょう。いつもカラくじばかりで、なかなか好運の宝くじに出会えない私たち。クーニーさんの記事を「ザマーミロ！」という気持ちと、「せめてその10分の1でいいから」という卑しい気持ちの半々で読みました。お金は額に汗して働き稼ぐもの。くじ運の悪さを嘆くより、不幸をつれた好運に出遭わなかったことを感謝しようではないですか。

第95話　心を声に

天神さまで有名な菅原道真公《すがわらのみちざね》が詠んだというう、

心だに　誠の道に　かないなば
　　祈らずとても　神や守らん

という和歌があります。自分の心が誠の道に適っていれば、祈らなくても神さまは守ってくれるという意味です。そういえば信心とは、「心に信じる」と読みます。つまり、信心とは心の中で信じることで、お経を読んだりお題目を唱えたりしなくても神さまや仏さまは守ってくれるという考え方。そう思っている人が多いのではないでしょうか。

問題なのは、「誠の道に適っている」と思っている自分の「心」が、ひょっとして道から外れているかもしれないということ。同時に、仏教では「信火行煙《しんかぎょうえん》」といって、信心の火があるところには、必ず「行」という行動の煙が立ちます。逆にいうと、「行」の煙のないところに信心の火はないということです。人間というものは、心に喜怒哀楽の思いが満ちれば自然と声になり、言葉になり、時には涙、笑顔、歌、踊り、叫びなどになるものです。そうならないのは、思いが満ちてないからです。人を好きになれば、電話をしたり手紙を書いたりという行動になるもの。心で「愛しています」だけでは相手には伝わりません。信心も心に満ちれば、祈りとか、お経やお題目を唱えるといった「行」という行動になるのです。「心」の中の「信」が行動になって、はじめて神仏に通じるのです。だから、「行」がない信心は本当の信心とはいえないのです。

　日蓮聖人が私たちに伝えたのは、単なる法華経の題名としての「妙法蓮華経」という題目ではなく、その題目を「南無妙法蓮華経」と声に出して唱える「唱題」ということを伝えたのです。有り難いと心に思うだけではダメです。いくら良い薬でも、飲まなければ効きません。お題目も唱題、つまり声に出して、はじめて仏さまに伝わるのです。大声でなくてもいいのです。低い声でも、時には心唱といって心の中で唱えてもいいのです。今年の永昌寺の信仰目標「心を形に…信心から唱題に」を実践しましょう。

第96話　霊長類層

アメリカ国立精神衛生研究所のポール・マクリーン博士の研究によると、私たち人間の脳は、三つの層からできているといいます。最も深い部分は「R−複合体」（Rは爬虫類のこと）といい、爬虫類脳だといいます。次の層は哺乳類層、そして一番外側が霊長類層だというのです。爬虫類層が司《つかさど》る行動は、攻撃行動・縄張り争い・嫌がらせ・脅し・かっぱらい・儀式行動などといったいわゆる暴力団的な行為だといいます。次の哺乳類層は、愛情の行為・性行為・母性本能・微妙な情緒・激しい感情・集団行動・暴行といった行為を司り、最後の霊長類層は、知覚機能・判断能力・行動の抑勢と遂行・熟考・言語活動・知性の行動・未来の予測といったことを担当しているそうです。

人間は母の胎内で、海の水と同じ塩分濃度の羊水の中、アメーバのような原生生物から人類に至る数億年もの生命進化の歴史をたどり、人間として生まれてくるといいます。その進化の過程の記憶が、爬虫類層・

哺乳類層・霊長類層と脳細胞にインプットされて誕生するのです。したがって私たちの脳には、ゴキブリやサメ、トカゲやワニ、牛や豚の記憶も刷り込まれているというのです。

最近の世の中を見るとどうでしょう。爬虫類層や哺乳類層で生きてる人間ばかりが多くなってはいないでしょうか。自分の隣りにワニやサメ、ライオンがいると思うと恐ろしくなります。折角《せっかく》人間に産んでもらった私たち。それなのに、姿・形は人間でも、中身はトカゲや豚というのでは生命進化の法則に逆行し、尊い命を授けてくれた親やご先祖さまに申し訳がありません。爬虫類や哺乳類から、万物の霊長といわれる人間として、霊長類層の脳で生きたいものです。それが生命進化の法則であり、お勤めの時に私たちが唱える「今身《こんじん》より仏身《ぶっしん》に至るまで、よく持《たも》ち奉《たてまつ》る」という『帰《き》依《え》』の意味なのです。くれぐれもゴキブリや獰猛《どうもう》な肉食獣にはならないように。

第97話　ニワトリ

ベイヤーという学者が、ニワトリを使った次のような実験をしました。数羽のニワトリに食べたいだけエサを与えます。やがてもうこれ以上食べられないという満腹状態になると、ニワトリはエサを食べるのを止めるそうです。ところがこの満腹のニワトリを、空腹なニワトリの群れの中に入れてエサを与えると、満腹なのにも関わらず再びエサを食べ始めるというのです。

また、アッシュというアメリカの心理学者が、八人の学生の中から七人をサクラにし、長さの違う線を同じ長さだと主張させると、はじめは違うと主張していても、七人のサクラの意見に従うようになる学生が74％もいたというのです。一人だけでの実験だと37人中35人が正しい答えを出すというのに、です。これが群集心理というものだそうです。

人間とは、しっかりしているようでも意外と弱いものなのですね。そういえばバイキング料理の席で、他の人がお皿にいっぱい料理をとっているのを見ると、食べきれないのについ自分もお皿いっぱいに取ってしまうものです。

　仲間が誘うから、友達が飲もうと言うからと、つい他人に動かされる自分。

　赤信号　みんなで渡れば　怖くない

という群集心理で生きている私たちです。誰かが底の高い靴を履くとその真似をし、挙げ句に足を捻挫したり、車を運転して事故を起こす人。テレビで評判だからといって不要な健康食品や運動器具を買う人。みんなが信仰しているからといって、オウム真理教やライフスペースといった変な宗教に入るのも同じです。私たちは満腹なのにエサを食べてしまうニワトリと同じで、群集心理に動かされています。人間とは、賢いようでニワトリと大して変わらない愚かな生きものなのです。そして「みんなが」とか、「○○さんが」とか、「有名な○○が」「テレビが」といったことで動かされている私たち。信仰とはそんな自分の愚かさに気づき、満腹のニワトリにならないための本当の自分探しの旅なのです。

第98話　娑婆願生

ある生命保険会社の調査によると、日本人の４人に３人が何らかのストレスを感じて生きているそうです。このストレスという言葉、実は精神医学ではなく、物理学や冶金工学の言葉だそうです。金属に圧力を加えると、その圧力に抵抗する反応が起こります。その状態をストレスというのだそうです。金属同様、人間の心や体にもこのストレスが起こると説いたのが、カナダのセリエ博士です。私たちに外部からの刺激が加わると、その刺激に抵抗しようとする反応が起こり、そのために心や体に損傷や病気が起こるというのです。したがって、ストレスは悪いものと思い、私たちはストレス解消に必死の努力をしているのです。

ところが、ストレスには破壊的ストレスと建設的ストレスの二種類があるというのです。破壊的ストレスとは、私たちの心身を傷つけるマイナスの力。一方の建設的ストレスとは、私たちの心身を強くする働きをするストレスです。

ネズミを摂氏20度の部屋から、急にマイ

ナス60度の部屋に移すと死んでしまうそうです。しかし、時々マイナス60度の冷たさを経験させたネズミは、マイナス60度の部屋でも生存するというのです。つまり、ストレスは慣れることで無力化し、ストレスをストレスと感じなくなる強さが育つというのです。

厳しいトレーニングを行うスポーツ選手。彼らは病気になるどころか、逆にそのストレスで強靭な肉体を造り上げます。自分で求めたストレスは、人間の心身を強くするのです。

「三界《さんがい》は安きことなし」と説かれたお釈迦さま。私たちの人生は楽しいことばかりではありません。それどころか、辛くて苦しいことの多いのが人生です。法華経には「娑婆《しゃば》願生《がんしょう》」といって、私たちは辛いのを承知でこの娑婆世界に「願って生まれた」というのです。だから、「苦しみやストレスがあるのは当然」と受け止めた時、ストレスは無力化し、苦しいことさえも楽しく受け入れられる、強い自分になるのです。

第99話　脱ストレス

第二次世界大戦中、オーストリアのユダヤ人で強制収容所に入れられた医師のヴィクトール・フランクルという方は、その体験を『夜と霧』という本に書きました。病気や飢え、そしてガス室での大量虐殺という極限状況を生き抜いた人々。そんな彼らにある日、ドイツが敗れて数日中に解放されるという噂やニュースが伝わると、それまで必死に生きてきた人々がバタバタ死んでいったというのです。解放まではと耐えてきた人たちが、夢にまで見た解放が実現しそうになった途端に死んでいく。そんな状況を、フランクルは「人間にとって、ストレスの急激な解除は逆の効果を生む」と述べ、「脱ストレスのストレス」という学説を立てたといいます。

人間とは実に不思議なものです。一日も早く毎日が日曜日の生活にと願っていたのに、定年退職した途端にボケてしまうお父さん。必死に受験勉強をして希望の学校に入学した途端、無気力な「五月病」になる若者。子育てを終えるまではと頑張っていたのに、子育てを終えた途端に生きがいを失いボーッとしてしまうお母さん。激しい競争を勝ち抜き念願の地位や昇進を手にした途端、抜け殻のようになってしまう人。脱ストレスによるストレスです。

　仕事が、家族が、病気が、借金が、と不平不満ばかり言い、そんなストレスから一日も早く抜け出して楽隠居をと願っている私たち。しかしそこには、脱ストレスのストレスという、とても怖い落とし穴があることを忘れないことです。

　人生とは、実は問題があるからこそ、生きている意味や生きがいがあるのではないでしょうか。「死んだら行くという〝極楽〟。もしそこが苦しみも悲しみもない、毎日が日曜のような世界なら、それは退屈で死ぬほど苦しい〝極苦《ごっく》〟では？」と言った人がいます。自分から求めたストレスはストレスにならないといいます。法華経では、私たちは菩薩といわれ、この娑婆《しゃば》の世を浄土にするという仕事があります。この仕事に定年はありません。しっかり頑張りましょう。

第100話　獅子吼

平成11年の11月、東京上野の森で、私は魂を揺さぶられるような、素晴らしい日蓮聖人にお会いしました。といっても彫刻の日蓮聖人です。東京芸術大学が美術館を建設。その開館記念に行った『芸大美術館所蔵名品展』という展覧会でです。

明治35年、美術学校の卒業制作に高村光太郎が作った『獅子吼《ししく》』と題するブロンズ彫刻の日蓮聖人がそれです。高さ105・8㎝、質素な法衣をまとった青年僧の日蓮聖人。左足を前に、右手を下に、左の肩を少し上げて口を一文字に結び、左前方をキッと見つめる姿。「獅子吼」とは百獣の王ライオンが吠えることで、あらゆる動物がその声に畏れ従うように、お釈迦さまが法を説く姿を譬えたものです。しかし、この『獅子吼』と題する日蓮聖人は口を閉じているのです。口を閉じ、何も語らぬ青年日蓮聖人なのですが、その知的で自信に満ちた澄んだ眼差し、そして強い意志が感じられる顎。そこにはいかなる権力にも屈せず、世を救い、人を救わんためという宗教的使命感に燃え、正法《しょうぼう》を全身で「獅子吼」する、清冽《せいれつ》で純粋な青年日蓮聖人の、凜とした内なる気迫が、見る者を圧倒する彫刻でした。

この作品を作るに際して、高村光太郎は日蓮聖人を自分なりにイメージし、「坊さんが経文《きょうもん》を捨てて世の中に出るという所」を表現しようとして作ったというのです。

世を救い人を救うために、全身で「獅子吼」する聖人。そんな日蓮聖人にお会いし、その教えを受け継ぐ一人として、自分が恥ずかしくなりました。宗教者としての使命感もなく、信仰を生活のための仕事と受け止めている現代の多くの坊さんたち。そして『獅子吼』の日蓮聖人が持っている清冽さや純粋さを失い、俗よりも俗に生きている私たち。高村光太郎の『獅子吼』像は、私たちが忘れた宗教者としての大事なものを感じさせる日蓮聖人でした。2月16日は日蓮聖人の誕生日です。

植中直斉『日蓮聖人伝絵巻』より

あとがき

世界中を震撼させている新型コロナウイルス。多くの方が亡くなりました。これまで当たり前だった日常が一変。３密と外出禁止の日々が続き、いまだ収束の様子が見えません。

小誌出版のきっかけは、「コロナでお寺にいらっしゃるこの機会に本を出されては？」という小林弘・住枝夫妻からの一声でした。

小林弘氏は、私が大学院時代にお世話になった釈迦本寺で、湯川日淳上人の声援のもとに組織した「釈尊青年会」の初代会長さん。奥さまの住枝さんは当時高校生でした。以来、両氏の三人のお嬢さん、そしてそのお孫さんという、三代にわたっての長いお付き合いです。

本書は小林弘・住枝夫妻、そして篠木敬子・小林裕子・古川陽子氏の三姉妹のご支援と、篠木優作君の校正お手伝いで取り急ぎまとめたものです。カットは絵を得意とする篠木敬子さんにその一部をお願いしました。出版にあたり日蓮宗新聞社出版部・室岡伸隆氏のお世話になりました。ご協力頂いた皆さんに、心より御礼を申し上げます。

なお誤字、脱字、文中の間違いなどは全て著者の責任です。

永昌寺住職　田端義宏・日滴

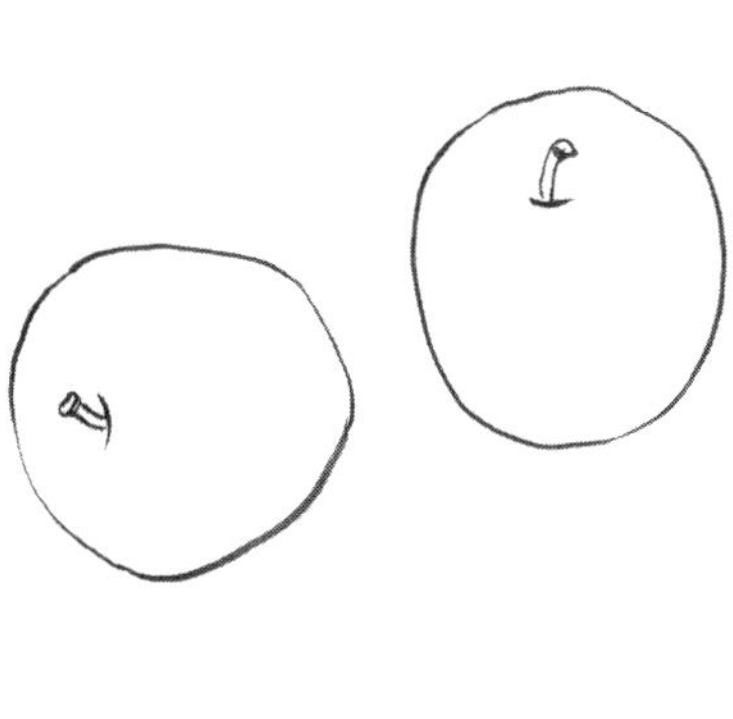

著者略歴　田端義宏（たばた・ぎこう）

１９４０年青森県鰺ケ沢町永昌寺に誕生。

立正大学大学院修士課程修了。日蓮宗永昌寺住職。

青森県教育委員、日蓮宗宗会議員、日蓮宗伝道部長などを歴任。

50年を超す青少幼年教化活動で第42回正力松太郎賞受賞。

現在は求道同願会副会長、全国日蓮宗和讃連絡協議会会長、全国青少幼年教化ネットワーク会長、法華塾代表、日蓮宗常任布教師、日蓮宗新聞編集委員、青森県宗務所顧問など。

テレホン説教

心のたから

著　者　田端義宏

発　行　令和三年四月二十八日　初版発行

編　集　日蓮宗新聞社

装　丁　日蓮宗新聞社／出版部

〒一四六・〇〇八二　東京都大田区池上七丁目二三番二号

電　話　〇三・三七五五・五二七一(代)

FAX　〇三・三七五三・七〇二八

印刷所

モリモト印刷株式会社

〒一六二・〇八一三　東京都新宿区東五軒町三番一九号

電　話　〇三・三二六八・六三〇一(代)

ISBN978-4-89045-183 C0015